キリスト教美術探訪

吉松 純

かんよう出版

図1
ロベルト・カンピン『メロードの聖壇画』
1427-28年
木板に油彩　中央パネル64.1×63.2cm　両サイドパネル64.5×27.3cm
ニューヨーク、クロイスターズ美術館

図 2
ミケランジェロ『アダムとエバの堕罪と楽園追放』
1508-12年　天井にフレスコ　280×570cm
バチカン市国、システィーナ礼拝堂

図3
ミケランジェロ『最後の審判』
1535-41年　壁にフレスコ　1370×1200cm
バチカン市国、システィーナ礼拝堂

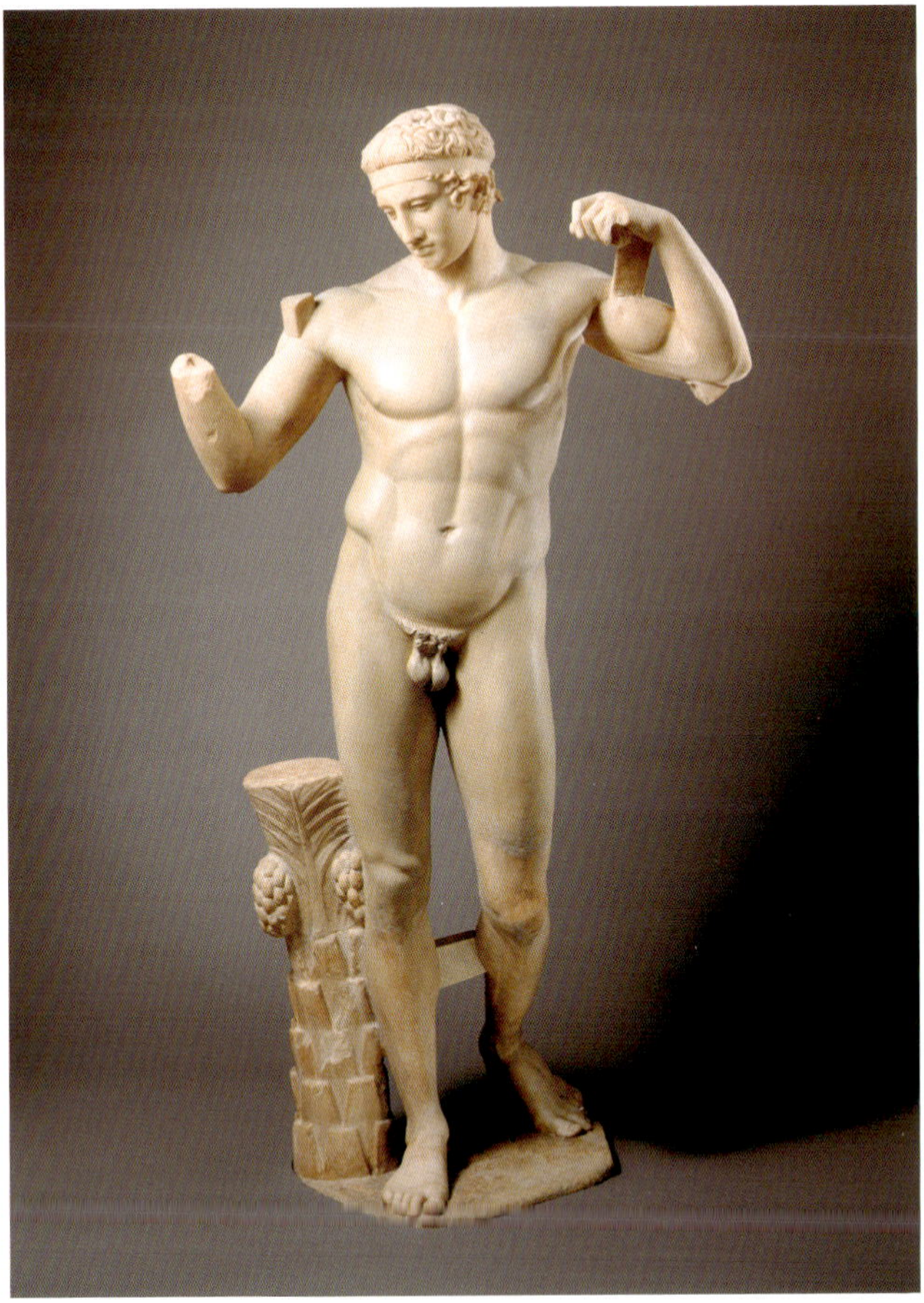

図4
ポリクレイトス『ディアドウメノス（ローマン・コピー）』
紀元後69-96年（オリジナルは紀元前440-430年頃）
大理石　185cm
ニューヨーク、メトロポリタン美術館

図５
制作者不明『キタラを弾く女性とその付き添い』ボスコアーレ遺跡
紀元前50-40年　壁にフレスコ　186.7×186.7cm
ニューヨーク、メトロポリタン美術館

図６
制作者不明『ローマ時代の石棺の蓋に掘られた最後の審判』
３世紀後半から４世紀初頭
大理石　縦40.6　横237.5　奥行6.6cm　重さ103.4kg
ニューヨーク、メトロポリタン美術館

図 7
アヤ・ソフィア
全長82m、幅73m、高さ55m　イスタンブール
オリジナルはコンスタンティヌス２世によって360年に建立。その後焼失し、537年、ユスティヌス帝によって再建

図 8
制作者不明『十字架のペンダント』
500–700年頃　金　9×6.8×1.2cm
ニューヨーク、メトロポリタン美術館

図 9
制作者不明『ネックレスと十字架のペンダント』
500-700年頃
水晶　ネックレス66×1.1cm　十字架の銀製部分8.6×4.1×1.3cm、十字架の水晶部分7.3×4.1×1.3cm
ニューヨーク、メトロポリタン美術館

図10
制作者不明『全能者ハリストス（Christ the Pantocrator）』
1261年頃　壁にモザイク　520×600cm
Deesis Mossaic（中央玉座にキリスト、キリストの右に母マリア、左に洗礼者ヨハネの図の総称）の一部分
イスタンブール、アヤ・ソフィア大聖堂

図11
『ムーティエ＝サン＝ジャン修道院の扉口』
1250年頃
ニューヨーク、クロイスターズ美術館

図12
制作者不明『キリストの神殿への奉納』
12-13世紀頃　クロイスターズ美術館の回廊にある柱
フランス、サン・ギレム・ル・デゼール
ニューヨーク、クロイスターズ美術館

図13
制作者不明『４つのイコン』４連祭壇画
15世紀頃　木板にテンペラと金
左から『神学者ヨハネと筆記』25.5×18.8×0.9cm　『キリストの洗礼』26.2×18.7×0.9cm　『黄泉の聖化』26.2×18.4×0.9cm　『聖ニコラウス』27.4×18.8×0.8cm
ニューヨーク、メトロポリタン美術館

図14
チマブーエ『サンタ・トリニタの聖母』
1283-91年　木板にテンペラ　385×223cm
フィレンツェ、ウフィツィ美術館

図15
ドゥッチョ『聖母子』
1330年　木板にテンペラ　23.8×16.5cm
ニューヨーク、メトロポリタン美術館

図16
ジョット
『天使と聖者に囲まれた聖母と幼子イエスの戴冠』
1300-05年頃　木板にテンペラ　325×204cm
フィレンツェ、ウフィツィ美術館

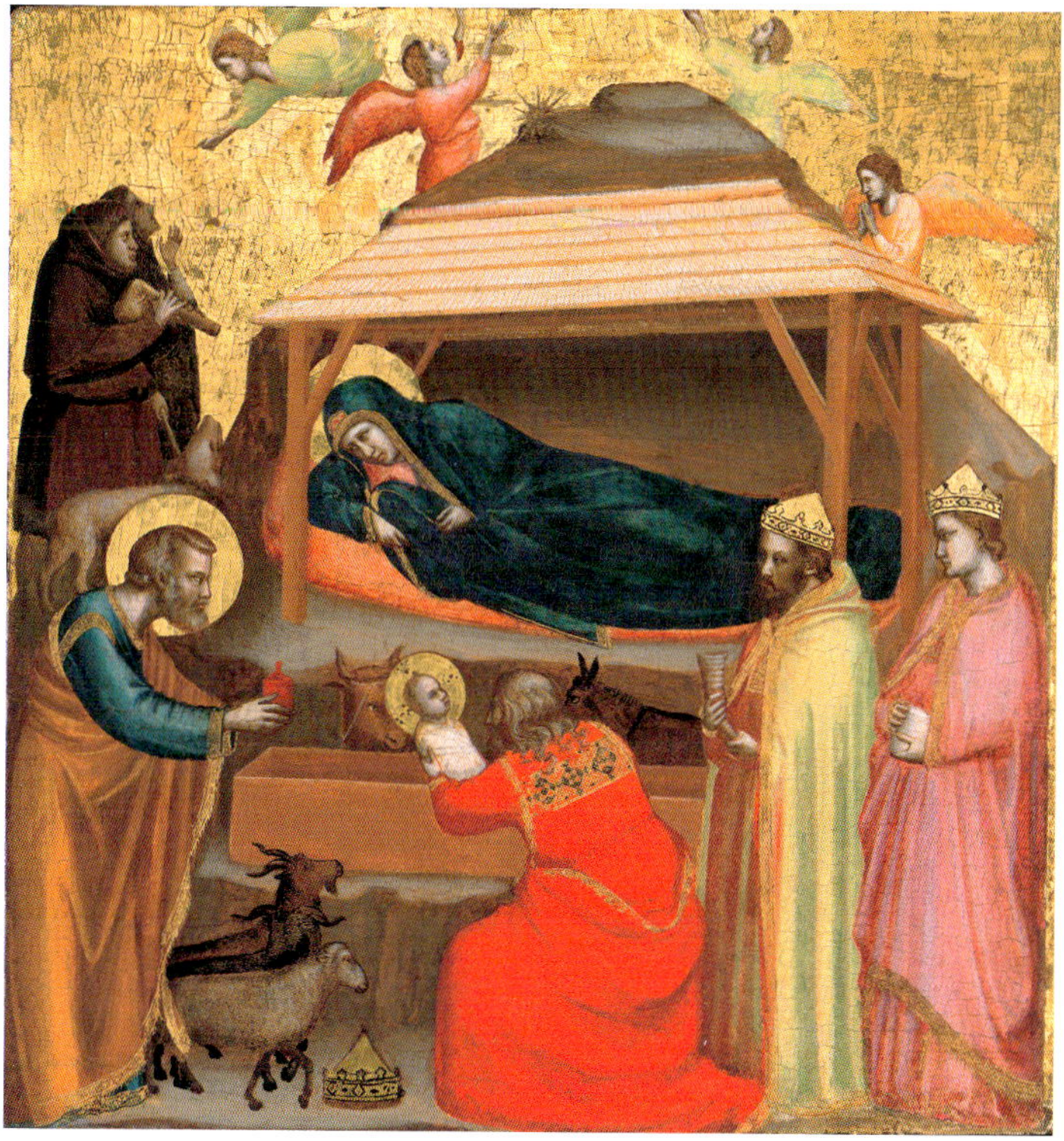

図17
ジョット『三王礼拝』または『東方の三博士の礼賛』
1320年頃　木板にテンペラ　45.1×43.8cm
ニューヨーク、メトロポリタン美術館

図18
マゾリーノとマザッチオ共作
『聖アンナと聖母子、５人の天使』
1424-25年　木板にテンペラ　175×103cm
フィレンツェ、ウフィツィ美術館

図19
マザッチオ『聖三位一体』
1426-28年　壁にフレスコ　667×317cm
フィレンツェ、サンタ・マリア・ノヴェッラ聖堂

図20
マザッチオ『貢の銭』
1420年代　壁にフレスコ　255×59cm
サンタ・マリア・デル・カルミネ大聖堂
フィレンツェ、ブランカッチ礼拝堂

図21

フラ・アンジェリコ『キリストの磔刑』

1441-42年　壁にフレスコ　183×233cm

フィレンツェ、サン・マルコ美術館

図22
フラ・アンジェリコ『受胎告知』
1437-46年　壁にフレスコ　230×321cm
フィレンツェ、サン・マルコ美術館

図23
ボッティチェリ『受胎告知』
1489-90年　木板にテンペラ　150×156cm
フィレンツェ、ウフィツィ美術館

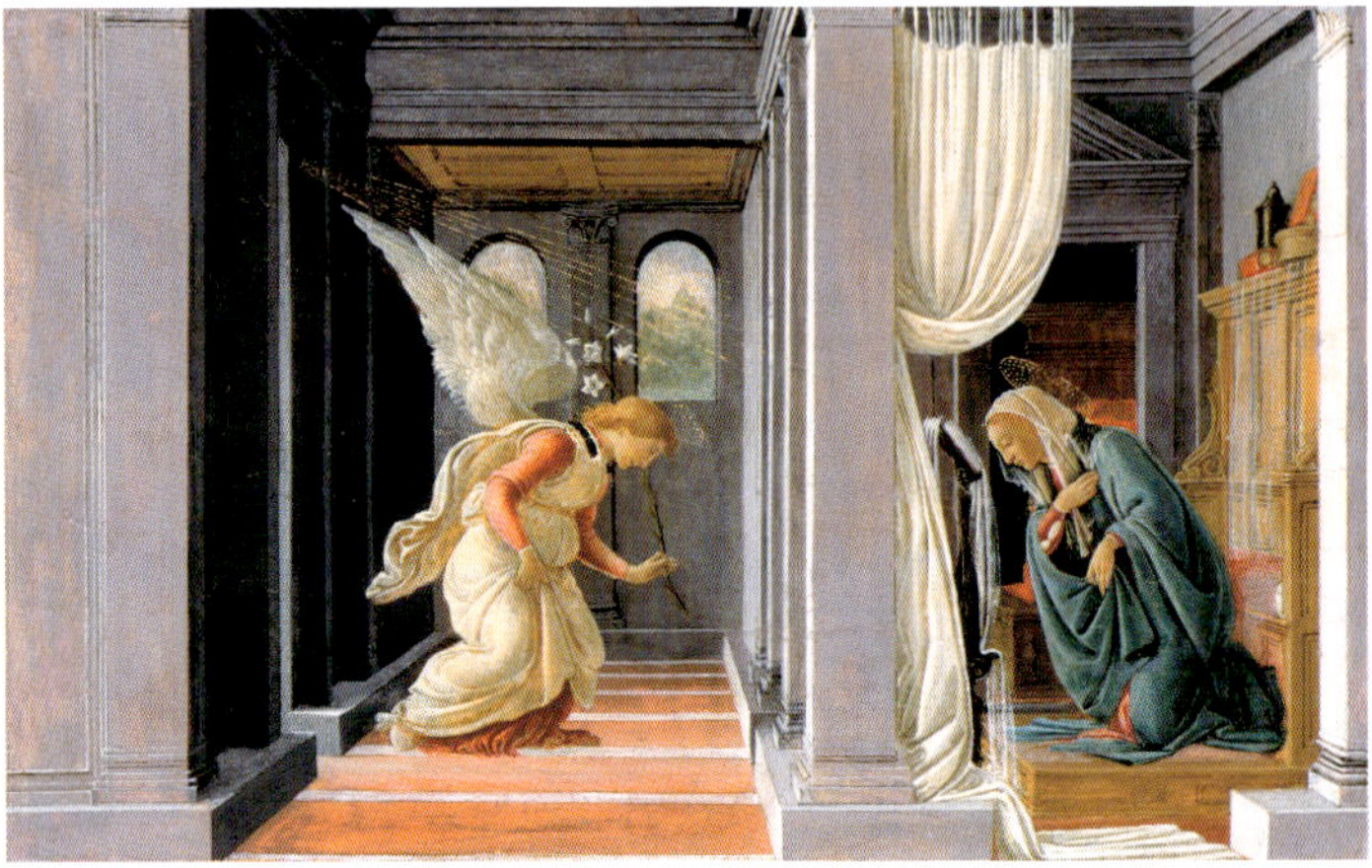

図24
ボッティチェリ『受胎告知』
1485-90年　木板にテンペラと金　19.1×31.4cm
ニューヨーク、メトロポリタン美術館

図25
レオナルド・ダ・ヴィンチ『最後の晩餐』
1495-98年　壁にテンペラ　460×880cm
ミラノ、サンタ・マリア・デッレ・グラツィエ修道院

図26
レオナルド・ダ・ヴィンチ『聖アンナと聖母子』
1508年頃　木板に油彩　168×112cm
パリ、ルーヴル美術館

図27
ミケランジェロ・ブオナローティ『ピエタ』
1498年　大理石　174×195×69cm
ローマ、サン・ピエトロ大聖堂

図28
ミケランジェロ『最後の審判』（部分）
中央下部の「ラッパを吹く天使たち」
1535-41年　壁にフレスコ　1370×1200cm
バチカン市国、システィーナ礼拝堂

図29
ラファエロ・サンツィオ『玉座の聖母子と5聖人』
1504-05年　木板に油彩と金
下段172.4×172.4cm　上段74.9（高さ）×180（底辺）cm
ニューヨーク、メトロポリタン美術館

図30

ラファエロ・サンツィオ『モンドの磔刑図』

1502-1503年　木板に油彩　283.3×167.3cm

ロンドン、ナショナル・ギャラリー

図31
ジョヴァンニ・ベッリーニ『牧場の聖母』
1430頃-1516年　木板、キャンバスに油彩　66.5×85.1cm
ロンドン、ナショナル・ギャラリー

図32
ティツィアーノ・ヴェチェッリオ『聖母被昇天』
1516-17年　木板に油彩　668×344cm
ヴェネチア、サンタ・マリア・グロリオーザ・デイ・フラーリ聖堂

図33
ロベルト・カンピン『受胎告知』
1420-25年　木板に油彩　76×70cm
マドリード、プラド美術館

図34
アルブレヒト・デューラー『聖三位一体の礼拝』
1511年　木板に油彩　145×123. 4cm
ウイーン、美術史博物館

図35
ルーカス・クラナッハ（父）『アダムとエバ』
1526年　木板に油彩　117×80cm
ロンドン、コートールド美術館

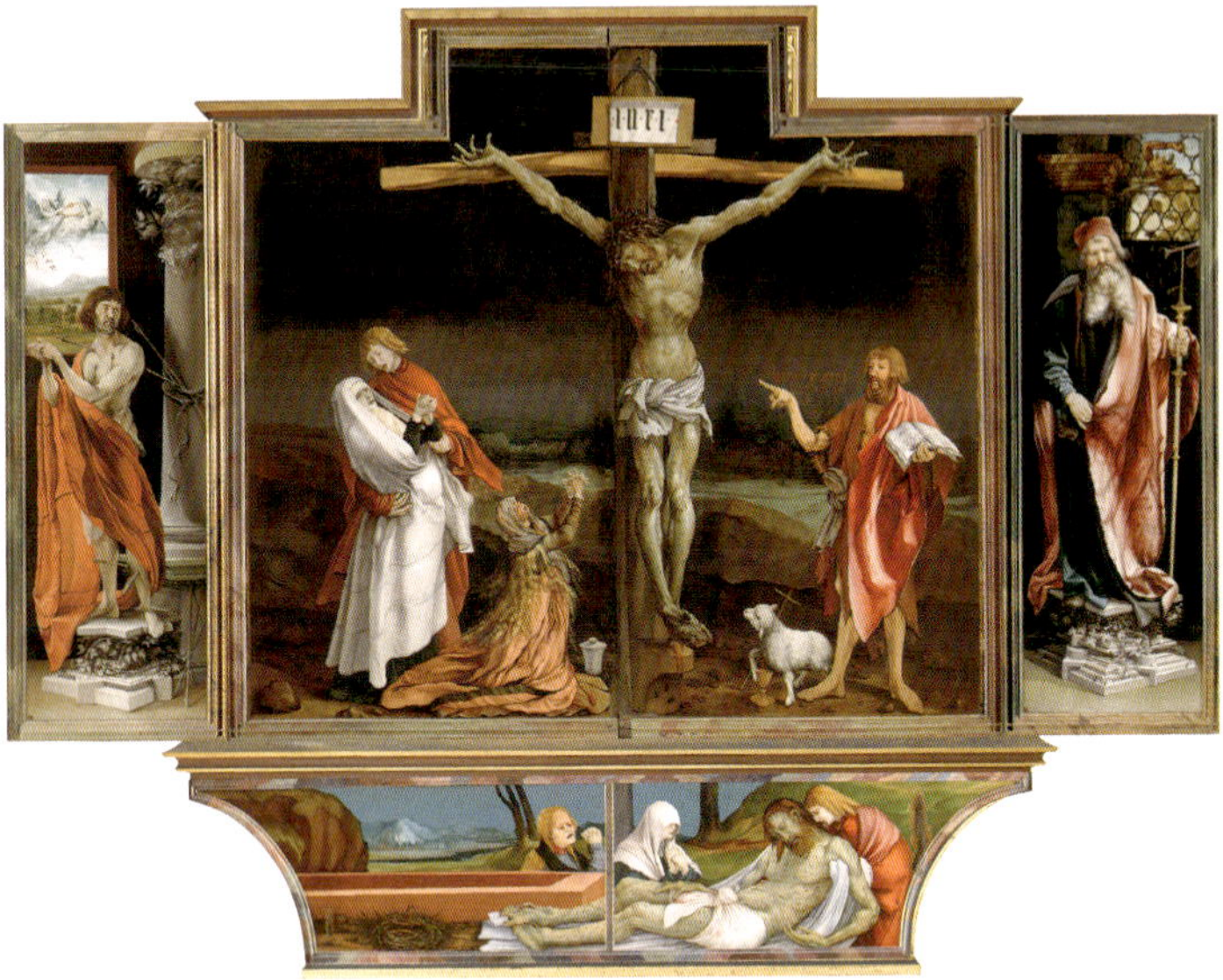

図36
マティアス・グリューネヴァルト『イーゼンハイム祭壇画』
1512年　木板に油彩　269×307cm
コルマール、ウンターリンデン美術館

図37
ジョヴァンニ・アントニオ・ボルトラッフィオ
『聖母子と花瓶』
1485-90年頃　木板に油彩　45.5×36.5cm
ミラノ、ポルディ・ペッツォーリ美術館

図38
パルミジャニーノ『聖母子』
1534-40年頃　木板に油彩　216.5×132.5cm
フィレンツェ、ウフィツィ美術館

図39
エル・グレコ『聖衣剥奪』
1577–79年頃　キャンバスに油彩　285×173cm
トレド、トレド大聖堂

図40
エル・グレコ『受胎告知』
1590-1603年頃　キャンバスに油彩　109.1×80.2cm
倉敷、大原美術館

図41
ミケランジェロ・メリージ・ダ・カラヴァッジオ『聖マタイの召命』
1599-1600年頃　キャンバスに油彩　322×340cm
サン・ルイジ・デイ・フランチェージ教会
ローマ、コンタレッリ礼拝堂

図42
ピーテル・パウル・ルーベンス『磔刑』
1610–12年頃　キャンバスに油彩　106.7×76.2cm
ボストン、ボストン美術館

図43
ピーテル・パウル・ルーベンス『十字架昇架』
1610-11年頃　木板に油彩　460×340cm
アントワープ、聖母大聖堂

図44
ピーテル・パウル・ルーベンス『十字架降下』
1611-14年頃　木板に油彩　421×311cm
アントワープ、聖母大聖堂

図45
フィンセント・ファン・ゴッホ『ジャガイモを食べる人々』
1885年　キャンバスに油彩　82×114cm
アムステルダム、ヴァン・ゴッホ美術館

図46
フィンセント・ファン・ゴッホ『種まく人』
1888年　キャンバスに油彩　32.5×40.3cm
アムステルダム、ヴァン・ゴッホ美術館

図47
フィンセント・ファン・ゴッホ『ドービニーの庭』
1890年　キャンバスに油彩　53.2×103.5cm
広島、ひろしま美術館

図48
アントワープにある
聖母大聖堂前の広場に
設置されているネロと
パトラッシュの彫刻作品

図49
冠り物を身につける
メノナイトの婦人たち

キリスト教美術探訪

吉松　純

キリスト教美術探訪／目次

序章
キリスト教美術探訪

絵画に秘められた
聖書の教え（イコノグラフィー）が解かるとは何か

　ニューヨークと聞くと、多くの方はまずはじめに摩天楼が立ち並ぶマンハッタン島を思い浮かべるのではないでしょうか。高級ブティックや名だたるレストランが並ぶ五番街（5th Avenue）や五七番通り（57th Street）、ダウンタウンのウォール・ストリートに次ぐビジネス街ロックフェラーセンター周辺の歩道には庶民的なキッチン・カーが点在し、そして市民が憩うセントラル・パークが島の中央に鎮座しています。そのセントラル・パークを囲うように数多くの美術館や博物館が建ち並び、西側にはブロードウェイを挟んでクラシック音楽の殿堂リンカーン・センターが構えています。セントラル・パークを北上するとアフリカン・アメリカン文化が開花したハーレムがあり、南下すると様々なジャンルのコンサートを催すカーネギー・ホールや、さらにブロードウェイに沿って南下すればミュージカル・シアターが連なり、近隣のナイト・クラブやバーなどが夜の賑わいを醸し出しています。それらはまさに大都市ならではの文化的な有り様を示しています。

この大都会ニューヨーク・マンハッタン島の最北、ハドソン川に面したフォート・トライオン公園内にメトロポリタン美術館別館のクロイスターズ美術館があります。少し北上してヘンリー・ハドソン橋を渡ればそこはニューヨーク・ブロンクス地区、またハドソン川に架かるジョージ・ワシントン橋を渡るとニュージャージー州になります。そうしたハドソン川沿いのロケーションのなかにひっそりと佇むクロイスターズ美術館は中世の修道院のように建てられており、訪れた者は思わず「ここもマンハッタン?」と目を疑うほど緑豊かで美しい、中世からルネッサンス期のキリスト教美術作品を収集した名美術館です。

そのような美術館のコレクションのなかに世界的名画、ロベルト・カンピン(またはロベール・カンパン)が描いた『メロードの聖壇画』(一三七八―一四四四)があります(図1)。この作品ほどキリスト教に関する謎解きに適した絵画作品はありません。作品のなかに描かれているあらゆるアトリビュート(Attributes=小物、装飾品)にキリスト教の教義が隠されているのです。クロイスターズ美術館と、この『メロードの聖壇画』を例えるなら、隠れた名美術館の隠れた名作」と言ったところでしょうか。その描かれたアトリビュートのひとつひとつの意味は、一九六二年に初版が出版され、二〇二二年までに第八版まで重版されているH・W・ジャンソンと息子のアンソニー・F・ジャンソン執筆の「西洋美術の歴史（History of Art）」に詳しく紹介されています。ちなみに日本語訳は二〇〇一年に木村重信＋藤田治彦の翻訳で創元社から出版されています。

著者がニューヨークの美大に学んだ一九八〇年代初頭、大学ではH・W・ジャンソンの第二版をテキストに使っていました。そしてこのロベルト・カンピンの作品は「"The Master of Flemalle" Robert Campin?」と記述されていて、直訳すると「『フレマールの巨匠』ロベルト・カンピン作？」となっていました。日本語版ではフレマールの画家となっています。しかし、その後二〇〇七年の第七版、二〇一六年の修正第八版では「カンピン」と明確に記されるようになったのです。これは何を意味するのでしょうか。

それは中世やルネサンス期の芸術作品が、科学的研究の対象になったということです。すなわち炭素14による年代測定法によって画面に使用されている絵具の年代が特定され、X線や超高感度カメラによる撮影によって下図などが可視化されるなどして、次々に新たな発見があったのでした。そうしたことにともなって従来の定説が覆されたり、新たな事実が認定されるようになると、昨日まではだれが描いたのか判明しなかった作品が、今日はレオナルド・ダ・ビンチの作品であると鑑定されたり、『フレマールの巨匠』がカンピンの作品であると断定できるようになったのです。蚤の市で二束三文の値段で叩き売られていた絵画が実は中世の巨匠の作品で、とんでもない価値をもつ作品だったということもあり得る時代になったというわけです。

しかし、本書はそのような科学分析や鑑定技術の進歩や発展によって、絵画作品の見方が変化していったことを詳述する意図はありません。むしろローマ時代より育まれてきたキリスト教絵画の伝統的解釈と芸術家たちが作品に描いた、秘められた意味を解き明かすことが目的です。あらためてロベルト・カンピンの描いた『メロードの祭壇画』を見てみると、キリスト教教義の宝庫で、この作品が解釈できるようになれば、そのほかの中世やルネサンス、バロック時代のキリスト教絵画の意味も理解できるようになるといっても過言ではありません。また作者名が確定していようといまいとに関わらず、その絵画が描いているキリスト教の世界観は変わることがありません。

そこで、カンピンの作品を含めキリスト教美術を読み解くにあたり、キリスト教の教義を解説しながら、キリスト教絵画の源流であるユダヤ教の文化や戒律を理解し、ギリシア・ローマ美術、中世、ルネサンス、バロックと順を追って作品をめぐっていきたいと思います。

聖書に記された キリスト教の一貫したテーマ

中世においてキリスト教美術の特に絵画作品は、「貧しい者の聖書」という教皇グレゴリー一世の言葉に表わされているように（Eire, C.M.N., 1986, 19）、一般庶民に聖書を教える役割を担っていました。近世までカトリック教会はラテン語文法によるラテン語聖書を使用していたため、多くの一般信徒はその意味を解しませんでした。また文盲も多く、そのような人々に聖書の物語を伝えるために、「絵画は一般信徒のための聖書」と位置づけられ発展しました。このことからも分かるように、キリスト教美術には聖書の教えとキリスト教信仰の一貫した主題が反映されています。では聖書の教え、すなわち一貫した主題とは何でしょうか。それは「神による人類救済」であり、その目的は「神の国」に行くことです。

神による人類救済の物語

聖書は世界と人間の創造、人間の背信などが書かれている創世記から始まり、罪深い人間が裁かれ、悔い改めた者が背信の罪を赦され、神とともに新しい世界（神の国）に生きるという終末が書かれているヨハネの黙示録で終わります。「神による人類救済」という壮大なテーマに沿って旧約聖書の初めから新約聖書の末尾まで、神の介入による罪深い人間の救済が書かれているのです（落合、小室二〇一四、六―九、他）。この「神による人類救済」は、ローマ・カトリック教会の総本山であるバチカンの聖ペトロ大聖堂の一角にあるシスティーナ礼拝堂の天井とその壁一面に、ミケランジェロが描いた一連のフレスコ画のテーマになっています。ミケランジェロのこの大作については、また後の章で触れたいと思いますが、ここでは「人間の神への背信＝堕罪」と「楽園追放」が何を意味しているのかについて考察したいと思います。

アダムとエバの失楽園は
人間の神への背信を描くドラマ

「神は言われた。『我々にかたどり、我々に似せて、人を造ろう……』」（創世記1：26）と聖書の最初の書である創世記の第一章にあります。まず読者のみなさんに知っていただきたいのは、キリスト教では本来、人間は神の似姿（イメージ）に造られた善良な存在と考えられていることです。しかし、巧みな誘惑の言葉に惑わされて、神を裏切るという背信行為を犯します。これを堕罪または原罪（以後は堕罪とします）と呼びます。堕罪によって人間が神から離れ、悪しき存在になってしまった。だから救済が必要となったのです。

システィーナ礼拝堂の壁に描かれた『アダムとエバの堕罪と楽園追放』（図2）では、旧約聖書の創世記三章に書かれていることが描かれています。キリスト教では蛇は悪魔、サタンの化身と考えられ、まずエバをそそのかし、エバは禁断の知識の木の実を口にします。そして自分だけでなく夫アダムにもそれを与えてしまいました。この物語を注意して読むと、蛇が直接手を下さず、言葉巧みにエバに禁を破らせていることが分かります。その手口は、現代の「成りすまし詐欺」にも通じるような巧妙さが伺えます。

禁断の木の実を口にし、ふたりは初めて裸であることに気づきます。間が悪いことに、そこに主なる神がやって来ます。いつもだったら神と親しく交わり、憩いの時を過ごすふたりですが、この日は罪悪感に苛まれ、主の前に出ることができません。事の次第に気づいた神が「お前が裸であることを誰が告げたのか。取って食べるなと命じた木から食べたのか。」（創1：11）と問いただしました。

こともあろうにアダムは「あなたがわたしと共にいるようにしてくださった女が、木から取って与えたので、食べました。」（創1：12）と妻のエバをかばうどころか、エバに罪をなすり付け、間接的にエバと結び合わせてくださった神に罪をなすり付けました。

エバはエバで蛇にすべての責任を押し付けます。ここに描かれているのは罪深く醜い人間の性質です。蛇は神に叱責され、地を這うものとなり、アダムとエバもエデンの園と呼ばれた楽園から追放され、人間は背信という堕罪の代償として死という罰が与えられてしまいます。恐らく、太古の昔から手足がなく、鱗で覆われ、にょろにょろと地を這う蛇が人々に嫌われていたため、この物語では悪役にされてしまったんだろうと思いますが、以来、人間は神から離れた地に住む存在となってしまいました。例えて言うなら、親不孝をして家を飛び出したまま、異邦の地で暮らし続けるといったような感じです。

神の招きと罪の赦し

そこで人類救済が必要となるわけですが、「神による人類救済」とはどのようなものでしょうか。それは例えて言うなら、家出した放蕩息子や娘を呼び戻すために、親である神があの手この手を使って、「あなたの罪は赦すから、帰っておいで」と自分の元に戻るよう説得するというイメージです。時に神を信じて全き道を歩むノアやアブラハム、モーセなどを選んで、自分の元に導こうとしたり、時に神の思いを代弁する預言者を使者に立てたりして、自分の思いの丈を人間に伝えては、「私の元に戻っておいで」と訴え続けました。これが聖書の「神による救済」、すなわち「赦し」です。

「人類救済」というテーマはシスティーナ礼拝堂の聖壇に面している壁に描かれた「最後の審判」（図3）に描かれています。この壁画はミケランジェロがシスティーナ礼拝堂の天井画群を描き終えた二四年後の一五三六年から、六年の歳月をかけて完成した大作です。裁き主であり、赦しの完成者でもあるイエス・キリストが中央に描かれています。ミケランジェロは旧約聖書のダニエル書（7：14、10：16）で語られ、そのダニエル書を引用した新約聖書ヨハネの黙示録（14：14）にも記されている、終末の裁きの日にやって来る「人の子」こそ再臨のイエス・キリストであるとして、キリストを大きな壁画の中央からやや上に描いています。

ミケランジェロは創造物語からはじまる諸々の旧約聖書のエピソードをシスティーナ礼拝堂に描き、クライマックスとして新約聖書のヨハネの黙示録にある「最後の審判」を描きました。「人間の堕罪」「神の人間世界への介入」「終末の裁き」という神学的なテーマを明確に意識して、「神による人類救済」というテーマを、正に「見る聖書」、「貧しい者の聖書」として描いたのです。

しかしながら、キリスト教絵画のなかには、カンピンの『メロード祭壇画』中央に描かれた天の使いが、マリアにイエスを宿していることを告げている「受胎告知」のように、一見神の裁きが明確に描かれていない作品もあります。むしろ、今日現存するキリスト教絵画では終末の裁きとは一見関係ないような聖母子やイエスの物語を扱った作品の方が多いのではないかと思われます。ここで読者のみなさんには、以下のことを心に留めていただきたいと思います。

1　キリスト教絵画は描かれている題材が何であろうとも、必ず「人間の罪の赦し」が示唆されているということ

2　「罪の赦し」とは、キリストの「十字架」と「復活」によって成し遂げられたというキリスト教の教義であること

十字架と復活は
キリスト教信仰の核心

ここで「十字架」と「復活」について述べておきましょう。なぜ「十字架」が「罪の赦し」なのでしょうか。また「復活」など現実的にはありえないものを、どうしてキリスト教徒は信じるのでしょうか。まず「十字架」ですが、これはローマ帝国の極刑です。強盗、殺人、謀反などの

罪に対して施行された最も重い刑罰です。それがなぜ、今日キリスト教のシンボルになったのでしょうか。これは旧約聖書の出エジプト記にあるモーセとイスラエルの民（ユダヤ人と民族）がエジプトから脱出することから来ています。エジプトで奴隷だったユダヤ人は、神が選んだモーセという指導者によってエジプトから脱出するのですが、これがなかなか一筋縄ではいきませんでした。ユダヤ人を支配しているエジプトのファラオ（王）は、すんなりと奴隷を解放しません。そこで神はエジプト人に十の災いを下します。十の災いの詳細についてはぜひ聖書を読んでいただきたいのですが、例えばナイル川の水がすべて血に変わったり、蛙やぶよ、あぶ、イナゴが異常発生したり、疫病が流行ったり、年間を通して暑く乾燥しているエジプトの地に雹が降ったり、世界が真っ暗になったりと、これでもかこれでもかと神は超自然的な力によって、災いをエジプトに起こしました。それでもファラオはユダヤ人を解放しようとしませんでした。

そこで最後の災いである第一〇番目の災いが下ります。それは神の使いが夜中に現われてエジプト中の初子（男性社会だった古代エジプトやイスラエルで初子とは長男を指す）を殺すという残虐なものでした。ところで王侯貴族は別として、エジプトの町々にはエジプト人の庶民も奴隷のユダヤ人も混在していました。ではどうやって彼らを見分けたのか。神はユダヤ人に「一歳の傷のない雄の小羊を屠って、その血を玄関の鴨居と柱に塗る」ことを命じました（出エジプト12：21—22）。小羊は神に捧げる犠牲、生贄で、その血によってユダヤ人は神の災いから救われ、エジプトから脱出することができました。奴隷という人間の尊厳を奪われた存在から、自由人になることができたのです。これはのちに「過越祭」または「過越の食事」と呼ばれる祭事となります。さすがに現代では血を鴨居などに塗ることはしませんが、エジプト脱出を偲び、二一世紀のいまでも世界中のユダヤ人はこの祭事を守り続けています。

モーセの時代から下ることおよそ一二〇〇年、イエス・キリストは同時代の洗礼者ヨハネから「見よ、世の罪を取り除く神の小羊だ……」（ヨハネ1：29）と形容されました。小羊の血によってユダヤ人が災いから救われ、エジプトを脱出できたように、十字架に架かったイエスを「人間を神の罰から救う犠牲の小羊」として受け入れ信じれば、神は信じた人の堕罪を赦してくださる。奴隷から解放されて自由人となったユダヤ人のように、神の罰から解放され、新しく生きることができる。これが「十字架」の意味です。

しかしながら、イエスがもし「ただの人」「人間」であったら、どれほどその生涯が聖く、気高いものであったとしても、彼を信じる意味はなかったでしょう。ところがイエスをキリスト＝メシア、救い主とするに値する驚愕な出来事が起こったのです。人が他人の堕罪を赦すことなどはできません。そこで「復活」が重要な意味を持ちます。キリスト教徒でない方は「死者の復活なんてありえない」と思われることでしょう。それは科学的であり、理性的で、とても正しい判断です。事実、復活などありえないのですから。だれでも彼でも復活するなどということは絶対にありえません。ところが、人類が誕生してから数百万年、アダムとエバの時代から約六〇〇〇年あまり、そのありえないことがたった一度起こったのです。それがイエス・キリストの「復活」です。「復活」が始終あっては困ります。「復活」は、イエスただひとりだから意味があるのです。だからイエスの十字架の血、赦しが特別な意味をもって、イエスは『世の罪を取り除く神の小羊』となったわけです。聖書のテーマ「神による人類救済」という神の御業は、イエスがキリストになったことによって完成を見たのです。

キリスト教絵画は「神による人類救済」を「十字架」と「復活」に描く

ところで、救済の象徴である「十字架」と「復活」を、すべてのキリスト教絵画が描いているとはかぎりません。しかし、「十字架」と「復活」が必ずどこかに示唆されているのです。では、どのように「十字架」と「復活」、ひいては「神による人類救済」が表現されているのでしょうか。それは後続の章で解き明かしていきたいと思います。その術を知れば、だれでもキリスト教絵画の秘儀がよく解かるようになり、そのおもしろさ、醍醐味を味わえるようになります。そして欧米の精神的支柱となっているキリスト教を、正しく理解できるようになるでしょう。著者はその願いを込めて、後続の章を書き進めたいと思います。が、その前に、次章ではキリスト教の前身であるユダヤ教とその戒律、ギリシア・ローマ文化に関する美術への影響について取り上げたいと思います。

第1章
キリスト教美術二つの源流
ユダヤ教とギリシア・ローマ文化

1-1
相反するキリスト教美術の源流
ユダヤ教とギリシア・ローマ文化

キリスト教絵画を理解するうえで、読者のみなさんにぜひ知っておいていただきたいことがあります。キリスト教に多大な影響を与えた、ふたつの源流があるということです。ひとつは、その厳格な戒律が、初期キリスト教における美術の発展を妨げることになった「ユダヤ教」です。もうひとつは、五世紀まで圧倒的な武力と技術力でゲルマニア（現在のドイツ）を除くヨーロッパのほぼ全域と中東、そして北アフリカを支配していたローマ帝国の文化です。このふたつの潮流がキリスト教美術に注ぎ込まれ、美術が解禁された中世からルネサンスにかけて、数世紀にもわたってキリスト教美術は大きく発展し、良くも悪くも後世の芸術文化に多大なる影響を与えることになったのです。本章では、まずユダヤ教について学び、何がキリスト教美術の妨げになっていたのか考察していきます。

聖書から受け継ぐ偶像作成の禁止

ユダヤ人に馴染みのない人にとっては、とりわけ保守的な宗教観や立場をとるユダヤ人が、二一世紀の現代においても、「律法」と呼ばれる戒律をどれほど厳格に守っているか、想像もつかないのではないでしょうか。著者は一九九五年から二〇一八年までのあいだに、三つのアメリカ人教会で牧師を勤めました。二番目に赴任した教会は、ニュージャージー川のなかでもユダヤ系市民が数多く暮らしているバーゲンフィールドという地域にありました。教会から一ブロック隣には保守的ユダヤ教の寺院（シナゴーグ）があり、ユダヤ教の安息日である金曜日の夕暮れから土曜日の夕暮れまで、そのシナゴーグでは金曜日の夕礼拝、土曜日に行われる男性だけの礼拝、女性だけの礼拝、家族礼拝などが執り行われていました。信者たちはみな徒歩でシナゴーグに行きます。

これは、このシナゴーグに限ったことではなく、「モーセの十戒」という律法のなかの律法、日本式に言うなら憲法のような戒律の、第四戒「安息日を心に留め、これを聖別せよ」（出エジプト20：8―11）という教えに従っているものです。保守的なユダヤ人はみな安息日に礼拝へ行くこと以外は、何もしません。仕事などもってのほかです。通常の仕事やビジネスはもちろんのこと、料理も買い物も、洗濯も掃除も、クルマの運転さえもしません。ですから金曜日のお昼の時間帯は、近所にあるスーパーやお店がユダヤ人でとても混雑していました。

パレスチナやイスフエルを旅行すると実感できますが、イスラエルでは安息日になると、ほぼパレスチナ人が仕事で運転している車や外国人が乗っている観光バスが動いているだけで、驚くほど車道を走る車が少なくなります。イスラエルは安息日を守る戒律を、国策として施行しているほどです。実際のところ、どれほどの人々が信心深いのかは分かりませんが、それでもイスラエル人（ユダヤ人）が今日でも律法を守っている証と考えられます。

少し脱線しますが、ニューヨーク市やニュージャージー州のユダヤ人が多い地域にある病院や公共施設には、だれもパネルを押していないのに、全階に自動的に停まってしまうエレベーターがあります。ある土曜日に著者は教会員を訪問するために病院へ行くと、その全階に停まるパネルが点灯しているエレベーターに乗り込んでしまいました。ユダヤ人と思しき親切な男性が、「これは自動で全部の階に停まるため、お急ぎでしたら、もうひとつ別のエレベーターの方が早いですよ」と教えてくれました。たしかに自分が目指している病室は最上階に近い八階であったため、お礼を言ってその場で別のエレベーターに乗り換えて、八階に向かうことにしました。ユダヤ教の律法ではエレベーターのボタンを押すことさえも、「仕事」になってしまうのです。

これは私が体験した、十戒から派生した律法のひとつの例ですが、食事についてもまた細かい調理規定があります。食産加工会社や精肉店などに、コーシェル「kosher」であるとユダヤ教のラビ（表記は「Rabbi」。英語読みは「ラバイ」）によってお墨付きが与えられ、その印として「Kマーク」が付いているもののなかから商品を選んで購入し調理します。バーゲンフィールドのみならずアメリカでユダヤ人が多い地域のスーパーマーケットには、必ずと言っていいほど「コーシェル・コーナー」があります。日本ではイスラム教徒向けの食料品、ハラール（「Halal」）の方がよく知られていますが、アメリカやヨーロッパの一部の国ではユダヤ人の人口が多く、さまざまなユダヤ教の教えや祝祭日が定着しています。

さて、美術談義に戻りましょう。十戒のなかには美術に関しても大きな楔、あるいは重石となった戒めがあります。それは次の第二戒です。

あなたはいかなる像も造ってはならない。上は天にあり、下は地にあり、また地の下の水の中にある、いかなるものの形も造ってはならない。あなたはそれらに向かってひれ伏したり、それらに仕えたりしてはならない。［出エジプト20：4―5ａ］

この十戒が初期から中世のローマ・カトリックやギリシア正教などの教会で、また一六世紀の宗教改革において、再三再四、聖画の是非をめぐる論争を引き起こしています。この戒律は二一世紀の今日にいたっても、ユダヤ教やイスラム教の世界では厳粛に守られているのです。ユダヤ教とユダヤ人芸術家との関係を美術史のなかで考察すると、ユダヤ人の著名な画家は二〇世紀まで、ほとんど輩出されてこなかったことが分かります。二〇二一年にアメリカがアフガニスタンから撤退してからは、イスラム保守派のタリバンが実質的な政権を担っていますが、タリバンは一九九五年代からおよそ五年間、アフガニスタンを実効的に支配していました。タリバンはその超保守的なイスラム原理主義に付き従って、世界遺産にも登録されているバーミヤンの巨石仏像などを壊滅的に破壊してしまったのです。これを「イコノクラスム（Iconoclasm）」、偶像破壊と言いますが、心を痛めた方も多かったのではないでしょうか。これは第二戒によるものです。イスラム教は旧約の戒めの多くを継承しているのです。

ユダヤ教の影響が強かった初期キリスト教で、美術の発展が遅れていたことを理解するためにも、ユダヤ人にとって、この十戒を含めた律法がどれほど大切で、厳守すべきものであるかということを読者のみなさんにも理解していただければと思います。もちろん二一世紀の現代にあっては、古い戒律から解放されたリベラルなユダヤ人もいますが、保守的なユダヤ人の多くは日本人には想像しがたいほど、厳格に律法を守って生活しているのです。

だからユダヤ人画家は二〇世紀まで輩出されなかった

「出エジプト20：４」に書かれている、「いかなる像も造ってはならない（さらには描いてはいけないとも解釈された）」という第二戒があるがために、近年にいたるまで何世紀にもわたって、ユダヤ人の著名な画家が輩出されなかった、それが最大の理由です。

ヨーロッパの歴史を見ると、キリスト教を国教としていた国が圧倒的に多く、異教徒は迫害され、シェークスピアの『ベニスの商人』でユダヤ人が揶揄されていることからもうかがい知ることができるように、ユダヤ人はかなり肩身の狭い思いをして暮らしていました。それゆえに、改宗して芸術家になったユダヤ人もいた可能性もありますが、歴史の表舞台にユダヤ人の名を名乗った芸術家は現れませんでした。ユダヤ人芸術家の出現は、二〇世紀初頭に芸術の中心地となったパリや、二〇世紀半ばから抽象表現主義や前衛美術の中心地となったニューヨークで、台頭し活躍するユダヤ人芸術家を待たねばなりませんでした。

代表的な画家を数名挙げてみます。アメディィオ・モディリアーニ（一八八四―一九二〇）は父がユダヤ系イタリア人、母がフランス人で、イタリアからフランスに渡ってエコール・ド・パリの画家として活躍しました。マルク・シャガール（一八八七―一九八五）はベラルーシ生まれのリトアニア系ユダヤ人（当時はロシア系とも目されていた）です。シャガールはパリで画家として成功しましたが、第二次大戦中はナチスのユダヤ人迫害を逃れて、アメリカに亡命しました。その後はフランスに戻り、芸術家としての生涯を全うしました。ニューヨーク派と称された抽象画家バーネット・ニューマン（一九〇五―一九七〇）も両親がロシア系ユダヤ人移民です。ニューヨークで生まれて画家になりました。同じく抽象表現主義の画家マーク・ロスコ（一九〇三―一九七〇）は、ロシア系ユダヤ人でアメリカに亡命し成功した画家です。そのほか一九七〇年代にコミック漫画を拡大したようなポップ・アートの前衛絵画が大流行したロイ・リヒテンシュタイン（一九二三―一九九七）もアメリカ生まれのユダヤ人です。これらの芸術家にはすべて、共通点があるということです。それは、大なり小なり十戒の第二戒の縛りと向き合いながらも、画家独自の世界を切り開いていったということです。これらの画家たちについては、「ユダヤ人」という視点から彼らの描いた作品を鑑賞すると、また異なった特性が見えてくるように思います。これらの画家は、また別な機会に取り上げたいと思います。

ではユダヤ教とならび、もうひとつのキリスト教芸術の源流となっているヨーロッパの歴史、文化の礎石となったギリシア・ローマ時代の美術を見てみましょう。

1-2　ギリシア・ローマ美術とキリスト教美術

ニューヨークのマンハッタンには、著者が美大生の頃から足しげく通った、メトロポリタン美術館本館があります。メトロポリタン美術館本館はセントラル・パークに面しており、その緑豊かな大きな公園はニューヨーカーの憩いの場です。週末はもちろんのこと、季節のよい五月から一一月上旬にかけては、平日でも多くの人が繰り出し、おのおのが散歩やジョギング、フリスビーに興じ、そこでランチを食べたりする、緑のオアシスです。また野外ホールもあり、著名なアーティストがコンサートを行ったりします。しかしアートトラバーにとって、この緑深い公園に羨望の眼差しが向けられるのは、セントラル・イースト五番街の八〇丁目から八四丁目にあるメトロポリタン美術館本館や、八八丁目にはフランク・ロイド・ライトが設計した「カタツムリ」とも称され螺旋形の建物で知られるソロモン・グッゲンハイム美術館が、または九二丁目にはユダヤ民族美術館や、五番街を七〇丁目まで下るとレンブラントやフェルメールのコレクションや優美なフラゴナールの部屋で知られるフリック・コレクションといったさまざまな美術館が、この公園を中心として、そのまわりを取り囲むように点在していることです。二〇一五年にウエスト・サイドのダウンタウンに移転してしまいましたが、アメリカ現代美術の殿堂となっている、ホイットニー美術館も、これらの美術館が立ち並ぶセントラル・パーク沿いのほど近いところにありました。

　またセントラル・ウエスト七七丁目から八一丁目にかけては、アメリカ自然博物館があり、巨大な象の剥製の群れや恐竜の骨格標本の展示、文化人類学の展示などを見ることができます。プラネタリウムも併設されています。ウエスト・サイドから少し歩くとコロンバス街とブロードウエイが交わる六二丁目から六五丁目には、リンカーン・センターがあるといったように、ニューヨークのアップタウンは芸術文化や音楽に彩られたエリアとなっているのです。美術館に入って作品を観たり、クラシック音楽を鑑賞したり、オペラやダンスを観劇するには、一週間あっても足りませんが、観光スポットとして建造物の外観を見てまわるだけであれば、一日で周遊できる距離にあります。なんとも贅沢な限りです。

アートラバーにとってやはり圧巻は、メトロポリタン美術館本館ではないでしょうか。その広く長く重厚な正面階段を上って、グレート・ホールと呼ばれるロビーに入り、一階左側のウイングに入場すると、そこにはおびただしい数のギリシア・ローマ時代の陶器や青銅器、彫刻や装飾品が、年代別に順を追って展示されています。著者などはアルカイック（古代）を含め、それ以前の古い時代の展示品には美術的価値よりも考古学的価値、希少価値の方を見てしまいます。後世、キリスト教芸術に最も影響を及ぼしたのは古典またはクラシック時代とヘレニズム時代の作品ですが、今日、私たちがギリシア芸術と聞いて思い浮かべるのも、おおよそこの時代の出土した作品ではないでしょうか。

ユダヤ教律法の影響下にあったキリスト教ではありますが、紀元後二世紀、三世紀と時代が進み、ローマ帝国内において宣教が進められていくなかで、徐々にギリシア・ローマ文化の影響を受け、教会が公認していたわけではありませんが、カタコンベ（地下共同墓地）に壁画などが描かれるようになりました。本章ではフレスコ画、彫刻、モザイク画などで華々しい発展を遂げ、カタコンベの壁画だけでなく、中世以降のキリスト教美術に大きな影響を与えたギリシア・ローマの芸術を鑑賞し、その影響が直接見られるルネサンス以降の作品などと比較しながら、それぞれの作品を見て行きたいと思います。

ギリシア芸術を時代で分けると、以下のように五つに分類できます[1]。

1　クレタ・ミュケナイ美術　紀元前三〇〇〇—一一〇〇年頃（ギリシア芸術に含まない場合もある）
2　幾何学様式時代　紀元前一一—八世紀
3　アルカイック（古代、原始の）紀元前七—六世紀
4　クラッシック（古典、優秀な）紀元前五—四世紀
5　ヘレニズム（ギリシア風の）紀元前四—二世紀

西洋芸術の基礎はクラシックにあり

古代、すなわちアルカイック時代は、ほかの文明にも見られることですが、人々が遊牧的な生活から農耕生活に比重が置かれ、生産物を保管する土器や水瓶、煮炊きの調理器、さらには鑑賞用の器といったように、さまざまな陶器が発展した時代です。一方、彫刻はというと、まだ直立不動で不自然な感じの立像が制作されていますが、これはエジプト文明やバビロニアなど古代オリエント文明にも同じような傾向が見られます。

クラシック・ヘレニズム時代

紀元前五世紀頃には、彫刻においてリアリズム（写実的表現）が発達します。図４のポリュクレイトスが制作したとされる『ディアドウメノス（オリジナルは紀元前四三〇年頃）』などは、クラシック時代の彫刻の特徴がよく表現されている作品です。ヘレニズム時代の彫刻『ラオコーン』などに比べると、筋肉の詳細な表現や体の線に捻りなどはありませんが、理想化された優雅な風格さえ漂う人間美を表現しています。左足は踵がやや上がり、つま先が地面に着いた状態で、一歩前進する推進力が表現されているようです。右足は一歩踏み出した瞬間でしょうか、踵はまだ地についていません。紀元前五世紀に、すでにこのような動きを捉える洞察力、表現力があったことに驚かされます。

絵画（フレスコ画）もこの時期に発達したと思われますが、壁に漆喰を塗り、半乾きのうちに水溶性の絵具で彩色するフレスコは風化しやすく、建物の崩壊と同時に壊れてしまったり、建替えや内装工事によって破壊されたり、また自然災害で建物そのものが倒壊してしまったりと、残念ながらその多くは残っていません。しかし、そのフレスコ画のリアリズム表現はローマ帝国へと引き継がれて行きます。

ローマ帝国の芸術

ローマ帝国の芸術の、とりわけ彫刻作品はギリシア彫刻の延長線上にありますが、特筆すべきは何と言ってもローマ帝国の技術を駆使した、建築と壁画にあります。ローマ王国はアテネがすでに都市国家として繁栄していた紀元前八世紀に誕生しました。ギリシアにはいくつもの都市国家が誕生していて、それぞれが高度な文明を謳歌していました。そのためローマ王国はその初期の頃、ギリシア文明の亜流的位置に甘んじていました。その後、徐々に共和制ローマの勢力が拡大し、周辺国を吸収し、さらに帝政ローマになってゲルマニア（今日のドイツ）を除くヨーロッパ全土や地中海沿岸諸国、そして中東を征服していくなかでしだいに帝国を築き上げてギリシアの文化・芸術を継承し、ローマの文化・芸術はより昇華していきました。

ローマ絵画の特徴

ローマが共和制から帝政になり、国力が増強され巨大化すると、ローマ帝国の芸術は歴史上類を見ない発展を遂げます。そのひとつが絵画表現における遠近法です。遠近法とは遠くのものは小さく、近づくと大きく見えるという現象や、遠くに行くと色がかすみ、青みを帯びるといったような現象を幾何学的に捉え、数値で大きさの割合を算出して、図にする技法です。一般的にはルネサンス時代に完成したと考えられている絵画の技法のことですが、なんとローマ帝国時代、紀元前にすでに遠近法的な表現が見られる作品が存在します。しかも、それが完成間近だったと思えるものが、メトロポリタン美術館本館一階の左ウイングにあります。二〇二二年に東京、京都、宮城県、福岡県などで開かれた「ポンペイ展」でも発掘された貴重なフレスコ画が展示されていましたが、そのポンペイ展に展示されていた作品にも遠近法が見て取れました。

紀元後七九年にベスビオス火山の大噴火で町ごと火山灰に埋まってしまったポンペイから一・六キロほど北にあったボスコレアーレという町も、やはりベスビオス火山噴火で埋まってしまいました。そののち、灰の上に再建された居住区は近世まで小さな町でしたが、一九世紀後半に発掘調査が進み、一八九五年にローマ時代のコインや装飾品が出土したことをきっかけに調査が進み、一世紀時代の色合いを残したフレスコ画の壁やタイル、モザイクを敷いた床などが発掘されました。

メトロポリタン美術館本館では、当時の部屋の様子を再現するかたちでフレスコ画が展示されています。この壁画［図5］は、ローマ時代のボスコレアーレの街並み（と思われる風景画）や「キタラ（Kithara）」と呼ばれるギリシアの竪琴を手にした貴婦人が椅子に座り、その背後に付き添いの女性（少女）が椅子の背もたれを掴んで立っている様子が描かれたフレスコ画です。他にも中庭に集う人々などが描かれたフレスコ画も展示されています。著者が初めて、これらのフレスコ画を見たとき、「ローマの職人（芸術家）はすでに遠近法を知っていたんだ」と感嘆したのを覚えています。ユダヤ教やキリスト教の影響を受けずにそのまま発展していれば、ルネサンスよりももっと早い時期に、遠近法が完成していたかもしれないと思ったほどです。もちろん実際には、ローマ帝国時代に遠近法が完成していた可能性も十分あるかもしれませんが、キリスト教が国教となったローマ帝国では美術の発展が停滞し、リアリズムな描写とはまた別な方向に進みました。さらに七世紀以降のイスラム教の台頭によって偶像破壊が頻発し、多くの絵画や彫刻が失われてしまいました。また漆喰の上に描いていたフレスコ画も耐久性に問題があり、今日、ポンペイやボスコレアーレのフレスコ画以上の、遠近法の発達の足跡をたどれるほどの作品を目にすることはできません。このようにギリシア・ローマ文化にあって美術は目覚ましい発展を遂げましたが、ルネサンス期にその素晴らしさが見直され、ルネサンスおよびそれ以降の西洋美術に多大なる影響を与え続けます。

1-3 初期キリスト教美術

紀元後三世紀から四世紀にかけて、ローマ帝国の迫害を逃れたキリスト教徒は、カタコンベ（地下共同墓地）で密かに礼拝を続け、フレスコ画を描いてきました。しかしながら後世のフレスコ画であるにもかかわらず、ボスコレアーレのフレスコ画や、ポンペイの町から発見されたフレスコ画に比べると、その仕上がりはとても稚拙なものと言わざるをえません。一方、迫害の緩い時期にキリスト教が広まり、徐々にローマ人の信徒が増えていくなかで、彫刻や大理石、石灰岩の石棺や蓋などの装飾的なレリーフ（浮彫）などに、明らかにキリスト教や聖書の教えが、かたちづくられた作品が見られるようになります。そして三世紀から四世紀は、まだ第二戒の偶像礼拝の禁の縛りが強いことも分かります。

ユダヤ教との決別

地中海沿岸での宣教と発展

ローマ帝国の属国だったイスラエルでは、紀元後六〇年代にローマ帝国への謀反が頻繁に起こり、第一次ユダヤ戦争（紀元後六六―七〇年。第二次は一三二―一三五）が勃発します。七〇年のローマ軍の侵攻により、首都エルサレムが陥落し神殿が破壊されたことにより、キリスト教徒もユダヤ教徒も、「この世の終わり」を覚悟し、終末の裁きに備えました。しかしキリストの再臨はいまだなく、ユダヤ教から袂を分かったキリスト教は、ローマ帝国内の諸地方で宣教を展開していきます。ローマ帝国の支配下で地中海沿岸に形成された諸都市では、ギリシア・ローマの文化に彩られ、ゼウスやアポロ、ディアナなど神話に登場する神々を人間の肉体美の理想形として彫像し、諸都市に建てられた神殿などに安置されていました。またモザイク画の回廊や床、フレスコ画で彩られた壁が、家屋や街並みを美しく、かつ壮麗に仕立てていました。初期キリスト教徒の多くはイスラエルから離散したユダヤ人でヘブライ語を話すヘブライスト・ユダヤ人と、ギリシア語を話すヘレニスト・ユダヤ人の信者が混在していましたが（落合、小室、一〇五）、しだいにギリシア人やローマ人、またローマ帝国の属国の諸民族が改宗して、信徒数は増えていきました。

ギリシア・ローマ系の信徒が増えるに従い、当然ヘレニズム文化にもキリスト教的な要素が入り込みますが、その逆も然りで、戒律の遵守や、美術、文化にも影響がではじめてゆきます。まずその影響が確認できたのが、性生活や食の違い、多神教という異文化です。草創期のキリスト教にあって、最大の宣教師でありまた神学者であった使徒パウロは、その書簡のなかで、とりわけ「コリントの信徒への手紙」一、二のなかで、男女の性、結婚、コーシャルの戒律などについて事細かく訓戒しています。しかしパウロのなかにもユダヤ教の戒律を遵守すべきという保守的な一面と、キリストにあってすべてが新しく、古いものに囚われず、ローマ人にはローマ人のようになって宣教する、つまり異文化も受け入れつつ一神教を守り教えるという革新的な思想のなかで揺れ動く一面も、その書簡のなかに見て取れます（Ｉコリント9：19―23、12：13、ガラテヤ3：26―29、コロサイ3：11ほか）。

キリスト教は宣教の宗教であり、異民族の新しい文化を取り入れては、独自の文化を形成してきました。多神教のローマ帝国内で布教するうえで最大の障害となったのは、十戒、とくに第一戒から四戒までの「神と人との戒律」でした。第一戒の「唯一の神のみを信じる」や、第四戒の「安息日を守る」は絶対に譲れないものでしたが、第二戒の「いかなる像も造ってはならない」についても、すでに大小様々な神々の彫像や、人物や動物、植物などが描かれた壁画で満たされているローマ支配下の町々にあっては、大きな障害となりました。

どのように第二戒を回避して聖書を表現するか

初期キリスト教においては、キリストの像や絵画はありませんでしたが、迫害を耐え忍び、諸宗教に対して寛容な皇帝の時代にはローマ市民の信徒が増大し、三世紀には、ローマをはじめとするイタリアのいくつかの都市の地下に広がる墓地、カタコンベに壁画が描かれるようになりました。また故人を安置する石棺などの彫塑や飾りに、聖書の終末の裁きや最後の審判、復活にまつわるエピソードを表現したものがつくられるようになりました。しかしながら、第二戒の禁はまだ根強く、キリスト＝神の肖像などは描かれませんでした。かわりにキリスト者の象徴である魚が描かれたり、またキリストのイメージとして羊飼いが描かれたりしました。これらのイメージなどから、のちの時代にキリスト教絵画の特性として、特有の宗教的意味をもつ小物や家具、装飾品などが発展してゆきます。

気づかなければ通り過ぎてしまう回廊に意味が分かるとおもしろい展示物がある

まずは新約聖書の「マタイによる福音書」に書かれていることを引用します。

25：31「人の子は、栄光に輝いて天使たちを皆従えて来るとき、その栄光の座に着く。32そして、すべての国の民がその前に集められると、羊飼いが羊と山羊を分けるように、彼らをより分け、33羊を右に、山羊を左に置く。34そこで、王は右側にいる人たちに言う。『さあ、わたしの父に祝福された人たち、天地創造の時からお前たちのために用意されている国を受け継ぎなさい。35お前たちは、わたしが飢えていたときに食べさせ、のどが渇いていたときに飲ませ、旅をしていたときに宿を貸し、36裸のときに着せ、病気のときに見舞い、牢にいたときに訪ねてくれたからだ。』37すると、正しい人たちが王に答える。『主よ、いつわたしたちは、飢えておられるのを見て食べ物を差し上げ、のどが渇いておられるのを見て飲み物を差し上げたでしょうか。38いつ、旅をしておられるのを見てお宿を貸し、裸でおられるのを見てお着せしたでしょうか。39いつ、病気をなさったり、牢におられたりするのを見て、お訪ねしたでしょうか。』40そこで、王は答える。『はっきり言っておく。わたしの兄弟であるこの最も小さい者の一人にしたのは、わたしにしてくれたことなのである』」［マタイ25：31―46抜粋］

メトロポリタン美術館本館のグレート・ホールからそのまま真っ直ぐに進むと、中世キリスト教のセクションがあります。そこに辿り行くまでには、細い二つの回廊のどちらかを通り抜ける必要があります。奥に向かって右側がギリシア・ローマ時代の小品の展示、左側が古代キリスト教美術の展示となっています。それぞれが別の展示室に繋がっており、その回廊を突き抜けると、一階から天井まで吹き抜けた広い空間が目の前に広まります。そこは中世からルネサンス初期までの彫刻や絵画を集めたキリスト教美術の巨大な展示空間となっています。クリスマス前の四週間のアドベント期間（待降節）には、そこに大きなクリスマス・ツリーが飾られ、キリストの聖誕を待望する雰囲気が醸し出されます。ここは教会ではありませんが、何だか心が弾むような思いになるのは著者だけではないでしょう。

［図６］は、三世紀から四世紀頃のローマ帝国時代につくられた大理石の石棺の蓋ですが、図柄は新約聖書「マタイによる福音書（25：31―46）」にある、終末の裁きの譬が彫り出されています。中央に着座している羊飼いはイエス・キリストです。羊飼いの右側（鑑賞者から見ると左）にいるのは羊、左（鑑賞者から見ると右）にいるのは山羊です。羊はキリストが伝えた神の言葉、愛を信じて回心した人たち。彼らは最後の審判で赦しを得て神の国に行きます。一方、山羊は神を信じず自己中心に生きた人たちを表しています。彼らは裁かれ、地獄に落ち、未来永劫苦しみます。ここで着目したいのは、キリストが羊飼いという姿で彫り出されていることです。まだ中世のように直接キリストが描かれるにはいたっていません。イエス・キリストが羊飼いなどの姿で描かれる風潮は、ローマ帝国内のカタコンベに同時期に残された壁画にも見られる傾向です。紀元三世紀の半ばにはローマ美術の影響がキリスト教に入り込んでいったことが見て取れる一方で、ユダヤ教・モーセの十戒の第二戒の縛りが、まだ強固に残っている作品であると考えられます。

新約聖書には、キリストを羊飼いに例える慣例は、ほかにも「見失った羊」（ルカ15：1―7）の譬や、イエスが自身について「わたしは良い羊飼いである。良い羊飼いは羊のために命を捨てる」（ヨハネ10：11）などがあります。この最後の審判を下している羊飼いは、紛れもなく「終末に神に救われる者と裁かれる者がある」という「神による人類救済」のテーマを表していま す。

迫害時にはアンダー・グラウンド宗教として信仰を守り、独特の表現方法をもつにいたったキリスト教は、四世紀になって新たな局面を迎えます。それは皇帝として、はじめてキリスト教を容認し、ローマからコンスタンティノープル（現在のトルコのイスタンブール）へ遷都を敢行した、コンスタンティヌス一世の出現によるものです。キリスト教美術は、こうして新たな局面を迎えることになるのです。

（1）高階秀爾監修『西洋美術史』美術出版社、二〇〇六。二二―三〇ページ。

（2）ポリュクレイトス作『鉢巻を結ぶ人』

第２章
表現の自由か戒律遵守か
古代教会の発展と信仰表現における葛藤

2-1
キリスト教史上最大の逆転劇

　迫害されてきたキリスト教が一世紀半ばから、ローマ帝国各地へ広まって行ったことは前章で述べました。当初キリスト教は、ローマ帝国公認の宗教であったユダヤ教の一派と見なされていました（関川、七六―七九）。しかしその後はその急速な広まりから、初めはユダヤ教徒から迫害されていましたが、やがてはローマ皇帝も見過ごせないほどの存在感をもつようになります。初期キリスト教におけるローマ帝国による迫害で、最も有名なことは、暴君ネロ[1]（三七―六八）によるキリスト教徒への弾圧です。ネロはローマの大火の責任をキリスト教徒に押し付け（土井、一七他）、自身の愚かな失政からローマ市民の目を逸らせるために、キリスト教徒を生きたまま火あぶりにしたり、コロッセオで猛獣と戦わせたというような逸話も残っています。ハリウッド映画の「聖衣」や「クォ・ヴァディス」には、その暴挙が表現されているほどです。この六〇年代に行われたとされるネロによる迫害で、パウロやペトロをはじめとする多くのキリスト教徒が殉教しました。

ただ、ネロによる迫害はローマ帝国を挙げての組織的な迫害政策ということではなく、ネロ個人による恣意的なものでした。その後の時代も、このような迫害が常日頃からあったわけではなく、キリスト教や諸宗教、異文化に対して寛容な時代には、教会は発展し信徒の数も増えていきました。その後もドミティアヌス帝（五一―九六）の迫害やデキウス帝（二〇一―二五一）による迫害など、ときおりキリスト教史に悪名を残す皇帝が登場しますが、その都度、キリスト教徒たちは耐え忍びました。そして古代教会史において最悪なディオクレティアヌス帝（二四四―三一一）による大迫害の時代を迎えます。キリスト教の指導者は捕縛され、教会の財産や聖具の没収」が行われ、大々的にキリスト教徒狩りが実施されました。ディオクレティアヌス帝の時代の三世紀後半には、広大な領地をもっていたローマ帝国は四分割されて、彼はそのひとつを治めていましたが、領地内の政治不安や危機を乗り越えるために、キリスト教徒を犠牲にしたのです（関川、八一）。

第二戒があることで
新たな意味が付与されてシンボルとなる

このような厳しい時代にあっても、キリスト教は発展成長を続けました。美術表現についてはユダヤ教の第二戒による、「いかなる像、形の制作禁止」という縛りが依然として強固なものであったものの、キリスト教徒を表す「魚」のような象徴的な絵柄、つまりは「シンボル」が聖書の言葉からつくりだされ、発展して行きます。

魚がキリスト者のシンボルになった理由のひとつに、イエス・キリストが最初に弟子にしたペトロとアンデレの兄弟、ヤコブとヨハネの兄弟に呼びかけた、「わたしについて来なさい。人間をとる漁師にしよう」（マタイ４：19他）という言葉があります。そしてもうひとつ、その理由と考えられるのが、「イエス・キリスト、神の子、救い主」をギリシア語で書くと、「Ἰησοῦς（イエス）」「Χριστός（キリスト）」「Θεοῦ（神）」「Υἱός（息子）」「Σωτηρ（救い主）」となることです。これら五つの単語の頭文字をつなげると、「ΙΧΘΥΣ」となります。ギリシア語で「ΙΧΘΥΣ」は「魚」という意味をもつ言葉になるのです。そうしたことから、キリストと弟子たちによって集められた魚が、迫害に直面するキリスト者たちの合い言葉なったと考えられるようになったのです。ギリシア正教の司祭で、イコンの研究家でもある高橋保行氏は、ユダヤ教とギリシア・ローマの美術との関係を、おもしろい譬えで語っています。

ヘブライの伝統は、〈物言語〉の理解を提供して、キリストの救いを美的に表現するまでの前段階を受けもつ形となったが、実際に表現する時になって大きな役割を果したのが、ギリシャ・ローマの美術であった。キリスト教を種としたならば、ヘブライ（ユダヤ教ではない）の伝統が子宮で、やがて聖像という子どもがそこから誕生するヘレニズムの美術が育ての親となったと言える。（高橋、一九九〇、七六―七七）

つまり、ヘブライ＝ユダヤ人の伝統には、物語や大切な教えを譬えや言葉によって、美しく表現する土壌がそもそもあったというわけです。その美しい言葉に秘められた教義が、ギリシア・ローマの文化や芸術と出会って、キリスト教美術が誕生しました。しかしながら、キリスト教は信徒の数こそ爆発的に増えて行きましたが、まだまだマイノリティーの宗教であって、ときには耐えられないほど過酷な迫害を受けていました。迫害を受けているときは、教会の看板を表立って掲げることなどけっしてできません。そうした状況があったからこそ、独自のシンボルが編み出されたのです。シンボルは、ある日だれかが突然決定したものではなく、「魚」が良い例ですが、いつの頃からか、キリスト教徒のあいだで自分たちのアイデンティティを表す記号として使われはじめたものが、しだいに定着して行った、というようなかたちで徐々に広まり、それを後世の学者たちが解明するようになって、今日まで伝えられているのです。

もちろんシンボルのすべてが、ローマ帝国によってキリスト教が迫害されたときにつくられたとは限りません。ある特定の考案者がいた可能性も否定することはできませんが、その多くは無名の教会指導者や信徒だったと考えられます。シンボルは聖書の言葉から考案されたものが多く、聖書を読むとシンボルの解釈もまた楽しくなります。

先の引用にあるように、ヘブライの伝統とギリシア・ローマ美術の出会いは、「聖像（聖画）」という表現を生み出し、中世においてさらなる進化を遂げていきます。前出の高橋氏は、早くは二世紀中頃には聖像か描かれていた可能性があることを示唆しています（高橋、一九九〇、七九）。しかし迫害されていた当時、信徒は聖像が見つかることによる捕縛を恐れて、制作を控えたり、破壊してしまったりして、キリスト教がローマ帝国の国教になる以前につくられたものは、カタコンベに埋葬される棺桶にその足跡が見られる以外には、ほとんど残っていません。

ここでシンボルについて、もう少し触れておきましょう。欧米ではキリスト教美術に描かれているシンボルを記号としてまとめた事典などの書籍が数多く出版されています。また日本でも宮下規久朗氏などが小物のシンボルを中心にまとめた本も出版されています。詳細は本書後備の参考図書をご覧ください。カトリック聖者のシンボルや特性にまで言及すると際限がないので、ここでは聖書に因んだ登場人物のシンボル、特に一般的によく知られているシンボルをご紹介します。キリスト教絵画鑑賞、解釈の第一歩になれば幸いです。

シンボルとその意味	
十字架	キリスト、神、罪の赦し
光輪・後光	キリストやマリア、弟子たち、カトリックやギリシア正教の聖者。かたちにはそれぞれ意味がある。光輪のなかに十字が描かれていれる場合はキリスト、父なる神、聖霊を表す。四角形の光輪の場合は生存中に叙任した聖者。六角形の光輪の場合は旧約の登場人物。
魚	キリスト教徒。イエスが、漁師だったペトロ、アンデレ、ヤコブ、ヨハネに「人間をとる漁師にしよう」と言ったことから。（マルコ１：16-20他）
錨（いかり）	十字架のかわりに用いられた。聖書でイエスや弟子たちが舟に乗ったことに由来する。また錨を逆さまに立てると十字架に見立てられることから。（マルコ４：35-41他多数）
鋤（すき）	キリスト教徒になるための決意、キリスト教の宣教、決心などを意味する。イエスはよく農作の譬（たとえ）を語ったことに由来。（ルカ９：62）（マルコ４：１－９他）
葡萄（ぶどう）	葡萄の枝はキリスト教徒を意味し、その実は愛の御業、善行を意味する。イエス自身は葡萄の木。（ヨハネ15：１－５）
小羊	罪の赦しの犠牲、生贄（いけにえ）となったイエス・キリストを指す。イエスは自身を旧約聖書の出エジプト記の過越しの犠牲の羊になぞらえた。（出エジプト12章） または人類の罪を赦すための神の小羊。（ヨハネ１：29）
羊飼い	イエス・キリストのこと。イエス自身が「私は良い羊飼いである」と言ったことによる。（ヨハネ10：11、14）
羊	イエスの弟子、キリスト教徒。（ヨハネ10：14-16）
鷲（わし）	聖ヨハネのシンボル。起源不詳。聖書に鷲が登場することから。（旧約イザヤ書40：31他）また鳥の王ということから神、神の力、権威などを表す。ヨハネはイエスの愛する弟子だったから、その権威を表したのかも知れない。
鳩 特に白い鳩	聖霊。（マタイ３：16他）または希望。（創世記８：８－12）平和のシンボルを意味することもあるが、これはギリシア・ローマの影響を受けている可能性が大きいと考えられる。

烏（からす）	吉兆を占う鳥。ノアは烏を放って大地から水が引いたか確かめようとした。だが烏はあまり役に立たず、その後、鳩を放った。（創世記８：６－７） または神の使いを意味することもある。預言者エリヤが神の命を受けて干ばつの地で活動したとき、烏がパンと肉を運んできた。（列王記上17：１－７）
白鳥	愛（夫婦愛）。白鳥は生涯同じ相手と添い遂げるということから。
ペリカン	自己犠牲、無私の愛。ペリカンは食べ物がないと、雛に自分の血を与えるということから。
孔雀（くじゃく）	孔雀の肉は腐らないという言い伝えから、復活の象徴であると同時に、その派手な見た目から傲慢（高慢）の象徴とも解釈される。
獅子（ライオン）	聖マルコのシンボル。起源不詳。
牛 特に両翼をもつ牛	聖ルカのシンボル。ルカは医者で病人を直したことから病人、怪我人の聖者とされた。牛はユダヤ人も異邦人も食べ、乳は滋養の飲み物であることから、医者が病人に滋養強壮をつけるのに与えた。仏教では苦行で弱った釈迦がスジャータという女性から乳粥をもらって食べ救われたという話がある。またギリシア神話には、大神ゼウスがエウロペという女性に近づくため白い牛に姿を変えて接近し、彼女をクレタ島へ連れていき３人の子供をもうけ、その子供たちがヨーロッパを切り拓いたとされる物語がある。ギリシア・ローマへの伝道を意図して牛をシンボルにしたのかもしれないが、諸説ある。
天使	聖マタイ。マタイ１章にいきなり天使が登場するからか。通常、小銭入れがマタイの小物。マタイは徴税人だったことによる。（マタイ９：９-13）
盃（さかずき）	十字架で流されたイエスの血、復活の契約。（マタイ26：26-30他）
パン	十字架で傷つき、切り裂かれたイエスの体、復活の契約。（マタイ26：26-30他）
白百合	純潔、貞節の花とされ、処女マリアの花とされる。また百合は多年草で、毎年、春の復活祭の頃に咲くことから、復活の象徴ともなった。

薔薇	薔薇は花の女王と考えられ、救い主・神の子イエス・キリストの母マリアは、女性のなかの女性、女王とも称され、薔薇もマリアの花とされた。またマリアは棘のないバラとも呼ばれた。白い薔薇はマリアの純潔を表し、赤い薔薇は女王としての煌びやかさを表す。
剣と盾、胸当、兜など	剣だけで表見されることが多いが、使徒パウロの象徴。パウロの信仰の姿勢に由来する。（エフェソの信徒への手紙6：10-17）しかし剣をもった老齢の男と幼子が描かれている場合は、老人はアブラハム。イサクの奉献のエピソードに由来する。（創世記22：1-19）
Xエックス型十字架	ペトロの兄弟アンデレの象徴。伝承では、今日のウクライナとロシアにまたがる国スキタイ、またはギリシアのエペイロスの地で、アンデレがエックス型の十字架に架けられ殉教したことに由来する。
長槍（ながやり）	トマスの象徴。トマスは宣教でインドまで行き、最後は槍で突かれて殉教したという伝承がある。
ホタテ貝 または貝殻	ヤコブの象徴。ヤコブは地中海を渡っててスペインで宣教し、そこで殉教した。スペインでヤコブが宣教した道は「サンティアゴ・デ・コンポステーラ」巡礼の道になっている。
鍵	ペテロの象徴。イエスから天国の鍵を手渡されたことに由来する。（マタイ16：13-20）
財布	イエスを裏切ったイスカリオテのユダの象徴。また徴税人マタイの持ち物として描かれることもある。
香油入れ壺	マグダラのマリアの持ち物とされる。（ルカ7：36-50） イエスに香油を注いだ罪にとわれた女性が、伝統的にマグダラのマリアと同一視されたことによる。（マタイ26：6-13）（マルコ14：3-9）またマルタの妹のマリアがイエスに油を注いでいるが、キリスト教絵画では香油入れを持っている女はマグダラのマリアとされることが圧倒的に多い。（ヨハネ12：1-8）
ナイフ	12弟子のバルトロマイの象徴。バルトロマイはアルメニアやインドで宣教した。最後の殉教地は不明だが、皮を剥がされ殉教したと言い伝えられている。ミケランジェロがシステーナ礼拝堂の「最後の審判」に、自分自身の肖像をバルトロマイの皮として描いていることは広く知られている。

竪琴	ダビデ王の持ち物。ダビデは竪琴の名手だった。（サムエル記上16：14-23）
箱舟・方舟	ノアの箱舟。（創世記６章－９章）
果実 リンゴ	罪、誘惑の象徴。創世記３章のアダムとエバの堕罪による。聖書には書かれていないが、ヨーロッパでキリスト教が普及し、ドイツや北欧で食されていたリンゴが「知恵の木」として描かれるようになったと考えられる。

左記の別表「シンボルとその意味」を作成するにあたり、以下の文献を参考にしました。

参考文献一覧

Apostolos-Cappadona, Diane, 1994, *Dictionary of Christian Art*, New York: The Continuum Publishing Company.

Ferguson, George, 1954, *Signs & Symbols in Christian Art*, New York: Oxford Press.

Freiburg, Herder, 1978, Farrell, Deborah and Carole Presser ed, trans by Boris Matthews, 1986, *The Herder Symbol Dictionary*, Wilmette, Illinois: Chiron Publications.

Hall, James, 1974, *Dictionary of Subjects & Symbols in Art*, New York: Harper & Row.

Lucie-Smith, Edward, 1984, *The Thames and Hudson Dictionary of Art Terms*, London: Thames and Hudson.

Rest, Friedrich, 1982, *Our Christian Symbols*, New York: The Pilgrim Press.

Still, Gertrude. G, 1975, *A handbook of Symbols in Christian Art*, New York: Macmillan Publishing Company.

宮下規久朗、『モチーフで読む美術史』2013、筑摩書房

宮下規久朗、『モチーフで読む美術史２』2015、筑摩書房

コンスタンティヌス一世とビザンツ帝国

これら［表1］に記載したシンボルは、コンスタンティヌス一世（二七二—三三七）によって、三一三年にミラノ勅令が発布されてキリスト教が公認され、キリスト教徒が大手を振って街を歩けるようになった後も使い続けられました。コンスタンティヌス一世、またその子であるコンスタンティヌス二世（三一六—三四〇）、そしてコンスタンティウス一世（三一七—三六一）が、キリスト教の文化芸術にもたらした功績はきわめて大きく、歴史のうえではテオドシウス一世（三四七—三九五）がキリスト教を国教化したことになっていますが、事実上、国教化したのはコンスタンティヌス親子であると言っても過言ではありません。コンスタンティヌス一世を称えて、その子らが残した美術史に燦然と輝く功績と言えば、後に世界遺産になったアヤ・ソフィア寺院の献堂です。[2]

このアヤ・ソフィア寺院［図7］は、コンスタンティヌス二世が父のコンスタンティヌス一世を記念して三五〇年頃に建立しましたが火災で焼失してしまい、現在の建物はユスティヌス帝によって五三七年に再建されたものです。しかしその後のアヤ・ソフィア寺院は、歴史に翻弄されて行きます。建立時はローマ・カトリック教会と東方教会（ギリシア正教やシリア正教、ロシア正教など）が美術をめぐって論争を続けていましたが、両者が分裂するずっと以前は、地理的には東方教会の影響下にありました。その後一三世紀にはローマ・カトリック教会下に置かれ、さらに一五世紀以降のイスラム教下ではモスクとして機能するようになります。そして二〇世紀になると美術館として一般に公開されるようになり、一九八五年に世界遺産に登録されました。しかし二〇二〇年、当時の為政者エルドアン大統領は、このアヤ・ソフィア寺院をイスラム教のモスクとして祈祷、礼拝を許可するという宣言を布告し、この世界遺産を見物するために欧米各国からやって来る万人に公開する美術館、公共施設としては相応しくないと表明したのです。

このように元の聖堂は消失してしまい、再建されたアヤ・ソフィア聖堂ですが、15世紀から二〇世紀にいたるイスラム教の支配下においてモスクとして使用するため、聖堂内部の壁面にあったモザイク画などはほぼすべて塗り潰されてしまいました。また前章で詳述した十戒の第二戒の縛りによって、美術に対する論争と聖画偶像破壊が一〇世紀まで続いたこともあって、アヤ・ソフィア聖堂内に残されている最も古いモザイク画でも、九世紀末につくられたものになっているのが現状です。

キリスト教がまだ公の宗教になる以前、迫害されていた時代のシンボルであった「魚」と同様に、キリスト教を表し、しかも信仰の表象となったものに、「十字架」があります。十字架はキリスト教が公認された後も、そのままキリスト教徒のあいだで使われ普及しました。そのいくつかを見てみましょう。

ローマ帝国で最も重い懲罰がキリスト教のシンボルとなる

〔図8〕は、キリスト教が公認となったビザンツ帝国時代の十字架のペンダントです。この金の十字架は聖職者が身につけていたものと考えられています。驚くことにイエス・キリストを処刑した十字架はキリスト教が解禁されて、まだ一世紀しか経っていない五世紀頃には、すでに信徒が持ち歩けるような、今日風に表現するならば、首に掛けるアクセサリーのようなものになっていました。

十字架の意味するものはなんでしょう。それは神の小羊としてキリストが十字架で流した血が、悪魔サタンの誘惑を受けて人間が犯してしまった堕罪の罰として与えられた死に勝利したことの象徴です。人間が神の元、神の国に帰ることを赦された、その証しを意味しています。

もうひとつの十字架を見て見ましょう。〔図9〕はエジプトのコプト教というキリスト教の一派で使われていた、十字架のペンダントとネックレスです。意外に知られていないことですが、シーザーとクレオパトラの物語で知られているエジプトは、紀元前一世紀から紀元後一世紀の頃には、すでにローマ帝国の支配下になっていました。そのためローマ帝国内で広まりつつあったキリスト教が、一世紀後半から二世紀初頭にはエジプトにも伝わり、教会が誕生して行きました。信仰的には東方教会（ギリシア正教やシリア正教）のひとつとされ、コプト正教とも呼ばれています。しかし七世紀頃になるとエジプトはイスラム教によって支配され、コプト教会はその数を減らしてしまいます。しかしその後一九世紀にイギリスに支配されるようになると、宗教の自由を主張するイギリス統治下にあって、教会の数こそ少ないもののしだいにコプト教は復興するようになるのです。

エジプトは一九二二年に宗主国のイギリスから独立しますが、その後も内政干渉を受け続け、イギリスを中心に考古学的な史跡の発掘をしていたこともあって、多くの出土品が国外に持ち出されてしまいます。余談ですが、スティーブン・スピルバーグ監督、ハリソン・フォード主演の「インディー・ジョーンズ」シリーズ、一九八一年の第一作「レイダース 失われたアーク《聖櫃》」はエジプトを舞台に、旧約聖書の出エジプト記に出てくる、「モーセの『失われた十戒の板』を探し出す」という痛快なアクション映画になっています。映画では、発見された「アーク（十戒）」の入った箱がアメリカに持ち出されて、トップ・シークレットとして極秘財産管理倉庫に保管されるというストーリーで終わります。この映画はもちろんフィクションとして描かれていますが、当たらずしも遠からずといった感じで、どれほど多くの財宝や考古学的資料が、エジプトや古代遺跡のある国々から外国へと持ち出されてしまったことか、きっと想像を絶するほどの数に上ることでしょう。

このコプト教のネックレスは高価な水晶でつくられており、一般的な庶民ではなく、地位の高い教会の聖職者などが身に付けていたようです。いずれにしても、ビザンツ帝国の時代は、このように十字架がキリスト教のシンボルとして普及していたことに、驚きを禁じえません。

しかしその一方で、絵画や彫刻などのキリスト教美術は、五世紀以降も推奨派と反対派の狭間で揺れ動きます。第二戒の縛りが根強く残るギリシア正教やシリア正教、そしてコプト正教（今日のロシア正教やウクライナ正教もその伝統を受け継いでいる）などの東方教会では、一般庶民のあいだにキリストや母マリア、弟子たちを描くことが急速に広まって行きます[3]。そうした背景があって、キリストや聖人、天使、ときには聖書における出来事などを表現するという独特の聖画像が生み出されていったのです。一方の西方教会は中世末期に第二戒の縛りから脱却し、ルネサンス前期の頃になると、キリスト教美術は最盛期を迎えるようになるのです。

イコン[4]と神性表現
表現の自由はあるのかないのか

中世に、突如として現れ人気を博した聖画に『ヴェロニカの聖顔画』があります。前述の高橋氏は、古代教会時代に教会史として書かれた「アブガルス王ものがたり」のなかに、キリストの聖顔の話があり、それがイコンとしてかたちづくられていった（高橋、一九九〇、九四）と考えています。聖顔にまつわるエピソードはその後も、手を変え品を変え歴史に登場します。これはいつの時代も人々が神の子であるイエス・キリスト、またその母マリアへの畏敬と憧憬を抱いていたからだと考えられます。

ビザンツ芸術は、エジプトをはじめイスラエルや今日のイラン、イラクなど中東の文化芸術と、ギリシア・ローマの芸術が融合して独特の表現を織りなして行きましたが、板の表面にテンペラで描かれた聖画像、すなわちイコンによる表現は、まさにその代表的なものでしょう。聖像や聖画に対して反対の立場を取る人たちは、第二戒から神をイメージさせるものはつくってはならないと主張しますが、その一方で聖顔については、キリストの顔が突如として表面に直接的に現れたものであり、人の手によって描かれたものではないと考えます（高橋、一九九〇、九八―九九）。ここに、イコンの考え方の基礎となる、「キリストは神の被造物ではない。受肉して人となったが、神である」という、今日まで続く神学的な解釈があります。キリストの顔が具現化された聖顔画は「神を描いてはいけない。されどキリストは受肉した。つまり人であり、神である。だから描くことができる」という理解になるわけです。実にややこしい教義です。人を描きつつも、神をどう表現しようかと悩みに悩んだ結果、徐々にかたちづくられて、イコンとしてキリストもその神の母マリアも、独特の顔つきをもつようになったのです。

［図10］は『全能者ハリストス（キリストのギリシア正教表記、Christ Pantokrator）[5]と神の母マリアと洗礼者ヨハネ』のキリストの肖像部です。アヤ・ソフィア大聖堂のモザイクで一三世紀頃に制作されました。キリストの風貌は正に「神であり、人である」キリストを表しており、右手は三本の指を立てて、父子聖霊の三位一体を祝福しています。この三位一体の祝福には例外もありますが、通常、創造の神とキリスト（ときどき天使）による祝福を表しています。聖者＝人間の祝福には、五本指をすべて広げた手のひら全体で行うものが一般的です。さらに救い主キリ

ストを描いたイコンの特徴として、左手には人類救済の言葉、神の愛と裁きか書かれ、この世の始まりから終わりまで世界の歴史を記したとされる聖書を持っています。聖書はときに世界、天、宇宙を象徴する球形に置き換えられることもあります。このキリストの右手は祝福を、左手に聖書を持つポーズは、「全能者の祝福（Pantocrator）」と呼ばれ、ローマ・カトリックの影響下にあった中世やルネサンス絵画にも頻繁に登場します。

このいかにも聖にして厳格なキリストのイコンや、神の母マリアのイコンが、ギリシア正教やロシア正教では二一世紀の今日まで引き継がれ、聖像の表情に微妙な変化を加えるという規範のなかで、表現が許されるようになっていったのです。

このようにイコンは、人となった神イエス・キリストの神性を重んじるがゆえに、伝統的な表現として固定されてしまいましたが、ローマ・カトリック教会＝西方教会の影響下にある西欧美術は、その伝統から、悪く言えば、その足枷から抜け出し、新たな美術の世界を創造し展開するようになって行ったのです。

（1） 近年、ネロが暴君であったとする説は後世の皇帝たちによる政治的捏造や歴史の書き換えによるものであるという説がある。「The Asashi Shinbun Glove」二〇二一年九月一七日発行の記事「ヨーロッパから見る今どきの世界」やＮＨＫが二〇二三年三月四日に放送した「古代ローマスペシャル皇帝ネロの黄金宮殿」なども、ネロ暴君説に異を唱える視点で番組がつくられている。ただし紀元後六〇年代にペトロやパウロ、多くのキリスト者が殉教したのは事実である。皇帝ネロがアンチ・キリストや暴君だったのか否かについては今後の研究の進展を待ちたい。

（2）ギリシア語で、アヤは「聖」、ソフィアは「知恵」のことを意味する言葉。著者がDrew大学神学部大学院に学んでいた頃、神学者のエリーザベト・モルトマン＝ヴェンデルの講演会があり、彼女はその講演会で「古代キリスト教において聖霊をソフィアになぞらえた時代もあった」と語った。モルトマン＝ヴェンデルはその著書『Humanity in God』（一九八三年刊）のpp101-103のなかで、古代ユダヤ教神秘主義「カバラ（Kabbalah）」は（聖）霊を女性と見なしていた伝統や、シリア正教でも聖霊に母性を見出していたと書いている。「Sophia（知恵）」を旧約聖書の「ソロモンの知恵の書」の知恵だとする説はあるが（「Dictionary of Feminist Theologies」Russel L.M & Clarkson J.S著）、聖霊を「Sophia」としていたかどうかは今のところ不明である。また殉教した女性の聖者の名前であるという説もあるが、これも詳細は不明のままである。

（3）美術の是非をめぐるローマ・カトリック（派）と東方教会（派）の偶像礼拝論争はずっと続いていたが、九世紀に最も激しくなり、やがて一〇五四年にカトリック、東西教会双方がお互いを破門し分裂するという最悪の結果となってしまった。

（4）イコンとはギリシア語の「Aidowlo（偶像）」に由来し、その英語訳である「Idol（アイドル）」から派生した言葉。または「キリストは神であり人である」という、古代教会で確立された神学的見解を具象化した絵画のこと。キリストの顔は半神、半人間という性質を描かなければならないという厳格な規定あり、それは現代まで続いている。そのためギリシア正教でもロシア正教でも、キリストやマリアの顔やポーズが似通ってしまっている。

（5）『全能者の祝福』はギリシア語表記ではPantokratorでkで表すが英語ではPantocratorとcで表す。本書ではこれ以降、英語表記のPantocratorで表記する。

第3章
中世のキリスト教美術
キリスト教美術の夜明け

3-1
静から動へ

　ローマ帝国はあまりにも巨大化したために、三世紀末には四つの国に分裂してしまいました。コンスタンティヌス　世が再び統一し、ローマからコンスタチノープル、現在のイスタンブールへ遷都することで一時的に活気が戻ります。しかしその後、東ローマ帝国と西ローマ帝国に再び分裂し、西ローマ帝国は四七六年に、長年ローマの宿敵だったゲルマン民族によって滅ぼされてしまいます。一方のビザンツ帝国（東ローマ帝国と表記することもあります）も、イスラム教の台頭や、西ローマ帝国の属州だった諸国がフランク王国に征服されたことによって、衰退の一途を辿っていきます。それでも一四五三年にオスマン帝国によって滅ぼされるまでの約一〇〇〇年間、権力を維持しました。ビザンツ帝国を隆盛させたいと考えた皇帝レオ三世（在位七一七―七四〇年）は、キリスト教を最大限活用し勢力の再拡大を謀りました。彼は帝国と皇帝の権威を、教会と神の名を借りて強化し、ビザンツ帝国は教会を神の名代であるとし、七二五年に聖画像破壊令を発布、聖画像破壊運動を展開します。

厳格なユダヤ教に由来する伝統の名残が、随所に見えるギリシア正教などの東方教会は、そもそも聖像の制作に反対の立場を取っていました。一方、西ローマ帝国は五世紀に滅びてしまいましたが、西側の自由な気風を受け継いだ西方教会は、民衆に広がっていた聖画や聖像を容認します。アウグスティヌスや教皇グレゴリウス一世が音楽や美術を容認していた立場をそのまま継承する、教皇グレゴリウス二世（在位七一五―七三一）、そして教皇グレゴリウス三世（在位七三一―七四一）が、聖画と聖画崇拝を容認、七三一年には聖画反対論者を破門にしました（Walker, 231-234）。このように聖画や聖像をめぐる東西教会論争が勃発し、やがてこれが西方教会（ローマ・カトリック）と東方教会（ギリシア正教やシリア正教、今日のロシア正教など）との決定的な分裂に繋がります。一〇五四年のことです。

聖画像破壊運動は、八世紀以前にもありましたが、この論争がキリスト教美術に影響したことは言うまでもありません。東方教会のもとではイコンが形成されるようになりましたが、西方教会の影響が強い地域では、時代とともに第二戒の縛りが弱まり、それに合わせて自由な表現が可能になっていきます。西方教会でもイコンを描いた表現が発展する様子もみせましたが、徐々にそれとは異なった、独自の表現が時代のニーズとともに生まれました。しかしながら、一〇世紀末から一二世紀にかけてロマネスク時代には建築のほうが先行し、その後もその建築様式に合わせた絵画や彫刻が制作される時代が続きます。

3-2

内部に入ると中世へタイムスリップ

［図11］の写真は、序章で紹介したメトロポリタン美術館別館クロイスターズ美術館のひと部屋です。フランス、ディジョン郊外のムーティエ＝サン＝ジャンで廃墟と化していたロマネスク様式の教会の内装を、そのまま移設して展示しています。クロイスターズ美術館はフランスやスペイン、イタリアで廃墟となった教会や修道院の建物を買い取り、そのまま移築、再建して美術館がつくられたために、その重厚な石造りの建物に一歩足を踏み入れた途端、中世キリスト教の世界へタイムスリップしたように感じます。階段を上り、入場料を払って、いざ美術館に入ると、そこにはロマネスクの分厚い石の壁や、いくつもの部屋が広がっています。入場して直ぐのところに、このムーティエ＝サン＝ジャン修道院の扉口がありますが、部屋の内部へと進むと、そこには礼拝堂が広がり、ロマネスク建築の分厚い石の壁や小さな窓とステンドグラス、燭台、聖壇などがあり、そこでそのまま礼拝ができそうです。

この部屋や、続くローマ風の柱と小窓がある部屋には、各部屋に彫刻やフレスコ画、装飾品が置かれていて、これでもかとたたみかけるように中世修道院の雰囲気を演出しています。

3-3 石柱は「見る聖書」

［図12］の石柱はクロイスターズ美術館の内廊の柱ですが、その浮彫の表現からは、まず柱や壁などの建築が優先され、それにマッチするように彫刻がつくられている様子が分かります。そのデフォルメされたイメージから、確実に十戒の二戒の縛りから解き放たれて、聖画や聖像が自由につくられ、ロマネスク時代からゴシック時代へと移り変わる時代の変遷が分かります。この柱の主題は「新約聖書ルカ2：22―38」に出てくる「赤子のイエス・キリストの生後八日目の神殿への奉納」です。旧約聖書の「創世記17：1―14」に記述のある、ユダヤ人の先祖アブラハムが神と交わした、「男子はみな生まれてから八日目に割礼を受ける」という儀式と契約を履行するために、父ヨセフと母マリアがイエスを神殿に連れて行った様子が刻まれています。ちなみにユダヤ人はこの割礼を、アブラハムの時代からから約三六〇〇年経った現代においても粛々と守っています。

教会や修道院の柱や室内装飾は、聖書物語や終末の裁きの恐ろしい地獄図などが、やや情感的に表現されているように見えますが、このデフォルメされて刻まれた石柱もまた、訪れた者には

「見る聖書」としての役割を十分に果たしていたと考えられます。同時代、絵画も形式的で人物の動きがほとんど見られないイコン的な表現から徐々に変化し、動きを感じさせるものが制作されていきます。

3-4 イコンを表す
東方教会の四連画

［図13］の聖壇画はメトロポリタン美術館本館にある、四つのイコンが描かれた四連画です。左から「神学者ヨハネと筆記」「キリストの洗礼」「黄泉の聖化」、そして「聖ニコラウス」ですが、使徒信条[1]にある「ポンテオピラトの下に十字架に架けられ、死にて葬られ、黄泉に下り、三日目に死人のうちより蘇り…」という、復活前の「キリストの地獄への降下」が描かれています。どちらかというと、東方教会に、より強く見られる復活信仰を描いたものであると考えられます。

四連画の向かって右端は、サンタクロースのモデルとして有名な聖ニコラウスですが、背景には彼が「奴隷として売られていく子供たちを助けた」というエピソードと、「病気の父の治療のため、身売りされる女子たちを助けた」というエピソードの、ふたつの奇跡の物語が描かれています。ニコラウスは東方教会で最も敬われている聖者のひとりで、東京・神田にある日本正教会のニコライ堂の創始者でもあり、ロシア正教会司祭ニコライの名前はニコラウスにちなんだ名前です。

特に真ん中のふたつのイコン画は、中世からルネサンスへと時代が移行するにともない、絵画表現が静的なものから動的なものへと移行する印象を感じさせるものになっています。黄泉（地獄）に降ったキリストは、右手でアダムや後方のエバ、すでに永眠した聖徒たちを起こし、死から生へと導きだそうとしています。キリストの背後にはマンダラが描かれ、復活の色、再生の色である緑色で塗られ、また背景も描かれています。それまでは金色で画面全面が覆われていた、一般的なイコン画のイメージを刷新するようでもあります。顔の表現には、まだ「神であり、人である」という固定化された表現が垣間見られますが、この一連の物語を描く表現には、すでに西方教会のもとで開花したルネサンス美術を感じさせます。東方教会ですら、このような美術の表現に動きがあったのですから、西方教会のお膝元ではなおさらのこと、キリスト教美術は飛躍的な進歩を遂げました。

3-5
西方教会と
キリスト教美術の発展

このように描かれている四つのイコンを子細に見ていくと、聖画、聖像の是非をめぐる神学論争を経て、キリスト教美術は時代とともに、静から動へと移行していく様子がわかります。それでもイコンの影響力は、一四世紀前半まで多大なものがありました。そんなルネサンスの夜明け前に登場したのが、チマブーエ（本名はチェンニ・ディ・ペポ。一二四〇―一三〇二頃）です。チマブーエは後にダ・ヴィンチやミケランジェロ、ラファエロなどの巨匠を輩出するフィレンツェがあるトスカーナ地方で活躍しました。

チマブーエを語るにあたり、ここで少しメトロポリタン美術館から離れて、イタリアのフィレンツェにあるウフィツィ美術館へとひとっ飛びしましょう。このウフィツィ美術館のあるフィレンツェは、レオナルド・ダ・ヴィンチやミケランジェロ、ラファエロらのルネサンス三大巨匠に加えて、修道士で画家のベアト・フラ・アンジェリコや、『ヴィーナスの誕生』で知られるボッティチェリなど、実に多くの芸術家を輩出していることで知られています。何といっても有名なのは、歴史地区と呼ばれる旧市街地にある、「ドゥオーモ」と呼ばれる「サンタ・マリア・デル・フィオーレ大聖堂」や、アルノ川に面したウフィツィ美術館、そしてそのアルノ川に架かる「ヴェッキオ橋」です。著者はその橋を渡っているとき、「ロンドン橋落ちた」の歌で、なぜ橋が落ちたか、はたと腑に落ちました。ヴェッキオ橋は石造りの三階建てで、一階と二階には土産物屋やレストランなどが並んでおり、三階の通路は当時の権力者がオフィス（ウフィツィ）まで、雨にぬれずに行くための専用通路だったそうです。石造りの頑丈な橋だけれども、「いつか崩落するのでは」と思わずにはいられませんでした。インターネットで画像検索をすると、屋根が付いていて、いかにもお店や居住場所になっている旧ロンドン橋が出てきます。このような屋根付きの橋が中世ヨーロッパでは、ごく普通に見られたのかもしれません。

また旧市街地には、当時ミケランジェロが制作の拠点のひとつとしていて、いま現在も石彫工房として使われ、本物のダビデ像が安置されているアカデミア美術館や、ドミニコ派の修道院として現在も使用され、その一部が美術館として開放されている、サン・マルコ修道院があります。ここにはフラ・アンジェリコの『受胎告知』や、キリストの磔刑画が収蔵されていて、見どころのある施設が数多く存在します。数日掛けてゆっくり歩いてまわり、美術作品を鑑賞したい世界遺産の町、それがフィレンツェです。そう言えば、フィレンツェの名前は「女神フローラ」から来ており、英語名は「フローレンス（Florence）」で、アメリカで「フィレンツェ」と言っても通じず困ったことがありました。

3-6 不自然に見える信仰の表現

［図14］は『サンタ・トリニタの聖母』という作品です。この作品が収蔵されているウフィツィ美術館は、ルーブル美術館、メトロポリタン美術館、そしてエルミタージュ美術館といった、世界三大美術館がコレクションしている作品点数に匹敵するのではないかと言われていま

す。ただしウフィツィ美術館が収蔵する、その作品点数の多い、中世、ルネサンス期の絵画などは、壁に無造作に並べられているような印象を受けました。しかし世界的な名画が、手で触れるほどの近さで鑑賞できることには驚きました。これはイタリアにあるその他の美術館でも感じたことですが、ウフィツィ美術館でボティチェリの『ヴィーナスの誕生』を見たときも、ヴェネツィアのアカデミア美術館でジョルジョーネの『テンペスト』を見たときでも、その驚くほどの近さに、逆に盗まれたり、傷つけられたりしないものかと心配するほどでした。

さて、チマブーエの画風は、まだ中世風のイコンを表しているようで、その聖母子画は中心人物としてマリアやイエスが大きく描かれていて、天使や聖者が周りに描かれています。左から預言者エレミヤ、アブラハム、ダビデ王、預言者イザヤの旧約聖書の登場人物らが、その周辺に描かれています。彼らはマリアやイエスよりも前面にいるはずなのに小さく描かれていて、もしマリアが立ち上がったら巨人に見えることでしょう。これは絵の主役であるマリアやイエスの神性を表そうとして画家たちが辿り着いた、信仰表現なのです。後に発展したルネサンスの遠近法を基調とした表現と比べると、不自然に見えますが、その画面は神の世界、天上界のことであり、自然界でのことではありません。

3-7 色彩のもつ意味

この神性を表そうとする表現は、彩色にも端的に表れています。色彩感覚、色の意味は西洋と東洋で異なります。特定の色の解釈については東洋と西洋とで似通っている部分もありますが、大きく異なる点もあります。これは西洋美術の色彩がギリシア・ローマの影響だけでなく、古代バビロニアやイスラエルなど中東の影響を受けていたからでもあります。西洋と東洋で最も大きな差異は、食や宗教儀式祭祀が異なる部分から生じていることが多分にあります。ここで、これらの様々な異なる要因と宗教的伝統が融合されてできたキリスト教美術の色彩解釈についてご紹介しておきます。

これらの解釈は決して、人間の思考を逸脱したものではありません。むしろ単純で、赤色は血の色となっていますが、肉食文化の欧米人や中東の人々ならではの、また長い人類の歴史のなかで常に戦争が身近に起こり、多くの人々の血を流してきた歴史のなかで、赤を見たら血を連想するのは自然なことと言えるでしょう。そこから赤色は、「血の色」「苦しみの色」となり、総じてキリストの「苦難＝十字架」を指し示す色となりました。

青色も同様です。青と言うと水を連想する方もいるかもしれませんが、水が美しく澄んでいる日本は、世界ではまったくもって稀有な国です。多くの国々では水は茶色く、あるいは灰褐色に濁っています。しかし空の青は世界共通です。近代以前、人々は「神は天に住まわれるお方」と考えていました。そこで青色は「空」、つまり「神のいる天」を思う純粋な思いや信仰を表す色となりました。

緑色も共通の連想をさせる色と言えます。イスラエルも中東も、イタリアもフランスも、そしてドイツやイギリスも、みな北半球にあります。春が来ると、若草が萌え出で緑色になるのは共通しています。そこで緑色は「再生の色」「復活の色」となったのです。またキリストの復活が春の出来事だったことにも由来しています。

金色はどうでしょうか。洋の東西問わず「錆びない」、つまり「永遠に変わらない」もの、だからこそ「高価なもの」と考えられ、取り扱われてきました。中世とルネサンス初期に聖画の背景が金箔で塗られたのは、豪華さを見せびらかすためではなく、朽ちない永遠のお方であるキリストやその母マリアの神性を表すためでした。

黒色は洋の東西を問わず、喪の色です。これは黒がなにやら得体のしれないもの、死を連想させるからかもしれません。またルネサンス以前は、影や陰は死を表す不吉なものとして避けられ、表現に用いられない時期もありました。

マリアは通常、黒に赤、あるいは青を着ていますが、ときおり紫を身にまとって描かれることがあります。紫色は古代からつくりだすのが難しい色のひとつで、聖書にも出てきますが（ルカ16：19―3　金持ちとラザロの譬）、ローマ時代、紫色に染めた衣は高価で珍重されました。日本でも染色職人が紫色をつくりだすのは難しく、江戸時代までは紫色に染められた布などが高価なものとされてきたことと同様です。高貴なマリアの息子イエスが十字架で処刑され、喪に服したときに着た色として表現されるようになったのです。

茶色や灰色は地味な色と言えますが、聖書では特別な意味があります。想像を絶する苦しみや悲しみに遭遇したとき、ユダヤ人は自分の着ている衣服を引き裂き、頭から土埃を被って、哀哭を表しました。ヨブ記では、ヨブが一夜にして子供や財産のすべてを失ってしまったとき、彼は衣を引き裂いて、髪の毛をそり、地にひれ伏したと記されています（ヨブ1：20）。また古くには創世記で最愛の息子ヨセフが死んだと思った（実際には生きていたが）ヤコブは、衣を引き裂き、粗布を腰にまとい、幾日もヨセフのために嘆き悲しんだと書かれています（創37：34）。ほかにも聖書にはこのような哀哭を表現する慣習が書かれた個所がありますが、土や灰、埃を頭から被るという行為は、「私は取るに足らないもの、無に等しい」、だから「神の前に懺悔し、悔い改める」「神に赦し、慰めを乞い求める」という謙虚な姿勢を表すとされています。

白色は洋の東西を問わず、汚れない色、純潔、清さを表し、天使などの衣に使います。

3-8 あらためてチマブーエを見てみる

これらの色彩のもつ意味を踏まえて、もう一度チマブーエの『聖母と天使たち』を鑑賞してみると、本来、芸術家が描こうとした聖画の意味が見えてきます。子供のキリストもマリアも受難の赤を着ています。これは言うまでもなく、やがて起こるキリストの磔刑、わが子の無残な死を見なければならないマリアの受難が意図されています。キリストは通常、白を着ていたり、赤だけの場合であったりが多いのですが、ここでは茶を身にまとっています。神のひとり子でありながら、栄光に固執せず、神の意志をまっとうし、謙虚に十字架に架かったキリストの従順さを表しています。

６キリストは、神の身分でありながら、神と等しい者であることに固執しようとは思わず、７かえって自分を無にして、僕の身分になり、人間と同じ者になられました。人間の姿で現れ、８へりくだって、死に至るまで、それも十字架の死に至るまで従順でした。９このため、神はキリストを高く上げ、あらゆる名にまさる名をお与えになりました。10こうして、天上のもの、地上のもの、地下のものがすべて、イエスの御名にひざまずき、11すべての舌が、「イエス・キリストは主である」と公に宣べて、父である神をたたえるのです。［フィリピの信徒への手紙２：６―11］

チマブーエは、マリアの黒いローブのような衣装のなかに緑を巧みに混ぜています。また天使の羽根などにも緑が見られます。これは直接的には描かれてはいませんが、復活の緑でイエスを抱いている、つまりキリストの復活を示唆しています。下方に描かれている預言者イザヤやエレミヤ、アブラハム、ダビデは、聖書の初めから終わりまで一貫して流れているテーマ、「神による人類救済」を物語るうえで欠かせない登場人物です。救済を完成したイエス・キリストは、このように表現されています。キリスト教美術は、こうして「目で見る聖書」として発展し続け、ルネサンスを迎えるのです。

（1）　五世紀頃に確立したとされる信仰告白文

第4章
初期ルネサンス
西欧絵画の変貌
神中心から人間中心へ

4-1
ドゥッチョ

前章では、キリスト教絵画を理解するうえで最も重要なことのひとつである、色の解釈を紹介しました。そしてチマブーエの作品を読み解きました。本章から時代はルネサンスに入りますが、初期ルネサンスの、ふたりの巨匠の描いた作品を鑑賞しながら解釈を試みてみましょう。では最初に、ドゥッチョの『聖母子』[図15]です。

ドゥッチョ・ディ・ブオニンセーニャ（一二五五／一二六〇―一三一九頃）は、前章のチマブーエや、次に紹介するジョットとともに、中世ゴシックからルネサンス初期に活躍した画家です。『聖母子』(1)の背景は金色に塗られ、マリアは内側に白、外側は黒い修道服のような衣装を着ています。乳児イエスは赤、または橙の服に茶の包みをまとっています。よく見ると、マリアの服には青や緑も見え隠れしています。今から七〇〇年以上も前の作品ですので、描かれた直後はもっと鮮やかに、これら色彩がはっきりと見えていたのかもしれません。では質問です。さてこの作品のどこに、十字架や復活が示されているのでしょうか。色彩のもつ意味を三章の解説から考えてみましょう。

まず赤色。赤は、そう血の色です。乳児のイエスが赤を着ています。これはイエスの血、つまりは受難や十字架を指し示しています。

次は茶色。茶色は土です。ユダヤ教の伝統では、苦しみや悲しみにあるときに、衣を裂いて灰（土）を頭からかぶることがありました（ヨブ記参照）。これは自分が取るに足らない人間で、土から生まれて土に帰る虚しき存在であることを意味します。イエスは神の子でありながらも謙遜に生きました（フィリピ２章）。

黒色は、洋の東西を問わず「死」を意味します。そこから葬儀の色になりました。幼いイエスを抱えるマリアは、その死を悼み喪に服す色、つまりは黒を身にまとっているのです。

次にその黒のなかに隠されている緑色に注目してみましょう。緑は春に芽吹く若葉の色です。そのため緑は、新しい命、つまり復活を象徴する色でもあります。そのためキリスト教絵画では、登場人物のだれかに緑の衣を着せたり、植物を描いたりします。

最後にもうひとつ。金色は何を意味する色だったでしょうか。以前、美術館ツアーで、「なぜ背景が金色で塗られているのでしょう」と参加者に問うと、「高価だから」とか「遠近法が確立されていなかったから」という答えが返ってきました。これは金色に対する既存の価値観や、結果的に高価なものとなったという事象だけを見ていて、「なぜ金が高価になったか」という根源的な理由が説明されていません。金が高価なのは「朽ちることがない」という、その性質にあることを忘れてはなりません。だから投機の対象となり、経済的な価値ももつようになったわけです。その朽ちない金の性質から、キリスト教美術では金色は「永遠に変わらない神性」を表すようになったのでした。だから金色の背景はイエスが神であることを表しているのです。

おもしろいことに、この絵はギリシア・ローマの神話の影響を受けて描かれていることが分かります。通称「ステラ・マリス」と呼ばれる「海の星」が、マリアの頭部の被り物の上と右肩の上の二か所に描かれています。これはマリアの貴さを「輝く光」で表していますが、この「ステラ・マリス」という名前はどこから来たのでしょう。聖書「マタイ2：2、9―10」に、東方から来た占星術の学者たちがキリスト誕生のときに、光り輝く星を見たという記述があります。伝統的にこの星は、出る時間帯や位置によって、「宵の明星」とか「明けの明星」と呼ばれています。そうしたこともあって、光り輝く金星のことを指すようになったのではないかと考えられてきました。金星のラテン語名は「Venus」、英語読みでは「ヴィーナス」と呼ばれています。その呼称からギリシアの「アフロディーテ（Aphrodite）」、ローマでは「ヴィーナス（Venus）」と呼ばれる「美と愛の女神の星」とされてきました。ギリシア神話では、ヴィーナスは海から誕生したとされており、そこから金星に、「海の星」という別名が与えられ、それが聖書の星と結びついたと考えられています。マリアの美しさと愛を称えて、人々が「美と愛の女神」と結びつけたのでしょう。もちろん例外もありますが、多くの聖母像にこの「ステラ・マリス」が描かれています。聖母画や聖母子画を鑑賞するとき、ぜひ被り物と肩のあたりをよく見てみましょう。鑑賞がまたひとつ楽しくなるはずです。

4-2
初期ルネサンスの巨匠ジョット・ディ・ボンドーネ

チマブーエ（一二四〇―一三〇二頃）、ドゥッチョ（一二五五／一二六〇―一三一九年頃）、そしてジョット（一二六七―一三三七）。この三人の画家は、ほぼ同時代の芸術家と考えられます。しかし生没年こそ約三十数年の時間差がありますが、彼らの画風の差異は美術史においては大きな異なりとなっています。チマブーエもドゥッチョも聖母子画や聖書の物語を描いていますが、マリアやキリストを大きく描き、ほかの登場人物は小さく描くという、中世からゴシック様式の画風で、主役を礼拝の対象として描きました。しかし、ジョットは科学的な視点を絵画に導入し、古代ローマで創り出された遠近法を取り入れ、手前の人は大きく遠くの人は小さく描くことで、この自然界にも存在しているように表現したのです。

そのジョットも初期の頃は、中世の伝統に則ってイコンの聖母子画を描いていました。［図16］

はジョットが一三〇〇―一三〇五年頃に制作した、『天使と聖者に囲まれたマリアとイエスの戴冠』という作品です。この作品を見るかぎり、マリアと赤子のイエスは明らかに大きく描かれており、画面に登場する人物たちは小さく描かれているのが分かります。その点は前章のチマブーエの聖母子画と同じように描かれているように見えます。しかし、ここにも若干ではありますが、ジョットが次第に遠近法を取り入れ、ルネサンスの到来を感じさせる予兆のようなものがあります。たしかにマリアとイエスは巨大ですが、その前に跪いているふたりの天使と、背景のなかのふたりの天使、そしてその奥の十人の聖者のプロポーションは、より自然な表現に近づいているようにも見えます。［図14］のチマブーエの『聖母子画』では、前にいるはずの四人の聖者が小さく描かれていて、かなり不自然に見えるのと比べると、大きく異なっています。

このジョットの『マリアとキリストの戴冠』の後方に描かれている、天使と聖者の数は合わせて一二人です。キリスト教の世界では、一二という数字はイエスの一二弟子、イスラエルの一二部族を表します。ユダヤ人にとって一二という数字は世界を表す数字であるとも考えられますが、キリスト教では、クリスマスの一二日後に、「エピファニー（顕現日）」と呼ばれ、神の子が現れた日、三人の博士がイエスを神の子と知ったうえで礼拝した日を表します。クリスマスとエピファニーのあいだの一二日間とは、一日一部族に神の子の顕現を知らせてまわる期間のことを指します。そこからキリスト教では一二という数字は、世界中の人々に神の子の顕現を知らせてまわるのに必要な数字となり、世界そのものを表す数字と見られるようになったのです。

手前に描かれたふたりの天使は、マリアの純潔の象徴であり、復活の花である白百合を手にしています。マリアは喪の黒と、汚れない白をまとい、イエスは受難の赤（ピンク）を身につけ、三本指の祝福、三位一体の祝福「パントクラトール（Pantocrator）」のポーズをとっています。手前で立ち上がって復活の色である緑を身につけた、左右のふたりの天使は、それぞれマリアとイエスにかぶせる冠を持っています。手前の天使の羽根に着目してください。単色ではなく赤や黄色、緑っぽいグレーなど、複数の色味で表現されています。天使の羽根がカラフルな彩色で表現されるのは、ルネサンスではよく見られる表現ですが、これは自然界の鳥の羽根の色味を模していると考えられていて、こうした描き方にもルネサンスの足音が聞こえてきそうな作品といえます。

そののちにジョットの作風がさらに進化して、ますますルネサンスの表現に近づいて行く様子が、よく分かる作品が次の［図17］『三王礼拝』、あるいは『東方三博士の礼賛』といわれるものです。聖書「マタイ2：1―15」に記されている、占星術の学者たちがキリストを訪問する逸話を描いたとされる作品です。

この絵画作品は、チマブーエの［図14］やドゥッチョの［図15］、それにこのジョットの［図16］と、主題は同様の聖母マリアと赤子のイエス・キリストです。生まれてしばらく経ち、東方から占星術の学者が赤子のイエスを拝みにやって来るというエピソードを描いています。

それまでのイコン、あるいはイコン風絵画の多くは、着座したマリアが赤子のイエスを抱いている場面が定番でした。しかし、このジョットの作品では出産の疲労からかマリアは横たわっています。家畜たちに囲まれ、飼い葉桶で寝かされている赤子のイエスを抱き上げているのは、三人の博士のうちのひとりです。後ろ向きで描かれています。聖書のマタイによる福音書には三人とはっきり明記されていませんが、彼らが持ってきた捧げものが、黄金、乳香、没薬とあることから伝統的に三人と解釈され（マタイ２：11）、ひとりは老人、ひとりは中年、そして最後のひとりは青年と考えられていました。そして、当時知られていた世界の三つの大陸、ヨーロッパ、アフリカ、アジアを、それぞれが代表しているとも考えられていました。向かって左端にいるのは光輪があることから、また謙虚さの象徴である茶色と復活の色緑あるいは信仰の青を着ていることから、マリアの夫のヨセフだと分かります。跪いてイエスを抱き上げている博士から、ヨセフは何やら没薬か乳香が入っている赤色の壺のようなものを貰ったのでしょうか。まるで受け取って感謝するかのように、その壺を持っています。

三博士はそれぞれ冠を被っていますが、跪いて神の子イエスへの敬意を表しているのでしょうか、赤い衣の博士は冠を地面に置いています。正面向かって左後方には、羊を導く犬、シェパードを連れていると思われるふたりの人物が見えます。これは聖書「ルカ２：８―20」に書かれている羊飼いでしょうか。あるいは着ている服が茶色いローブのようにも見えることから、ジョットが何度か描いている、聖フランシス（フランチェスコ）にちなんだフランシスコ会派の修道士を描いているようにも見えます。さらに背景を見ると、マリアが横たわっている家畜小屋の上部には、博士たちを導いた明星も描かれています。そのうえには四人の天使が、メシア＝救い主の誕生を告げ知らせるために、ひとりは嬉しそうにマリアを覗きこみ、ほかの三人は踊るように舞っています。次項で数字のもつ意味、数秘学を紹介しますが、四という数字は東西南北を表し、世界を表すという意味があります。救い主が生まれた喜びをあまねく世界に告げ知らせる。そんな思いを込めて、ジョットは四人の天使を描いたのではないでしょうか。

しかしながら、この絵が先のチマブーエやドゥッチョと明らかに異なるのは、登場人物のプロポーションにあります。横たわっているマリアはまだ大きく見えないこともありませんが、手前にいる三人の博士やヨセフはより大きく、後方にいる修道士や天使は小さく描かれ、建物や飼い葉桶など小物の大きさにも、遠近法的な表現が感じられます。より自然なプロポーションで描かれていることが分かります。これこそがジョットの革新性であり、ジョットがルネサンスの到来を告げる画家になったとされる所以なのです。

4-3 キリスト教絵画の盛期と神性の喪失

ルネサンスは、「文芸復興」と訳されています。中世の頃、不自然なプロポーションによる表現が主流となったキリスト教美術や、あまりにも宗教的で科学的根拠に乏しい教会の権威主義的な伝統や文化から脱却し、イタリア人などが中心となって自分たちのルーツであるギリシア・ローマの古典文化や美術を理想として再興を志す動き、そうした時代の流れをさす言葉です。美術史では、絵画の表現方法や、その思想が大きく変わった分岐点となりました。芸術家たち、とりわけ画家たちは、人間表現や自然描写に重点をおき、時代の最先端である科学的な研究も取り入れて、より具象性を前面に出した表現を志すようになります。それは美術史のなかでは自然の流れです。ルネサンス以降一九世紀半ばまで続く、この写実の主体を自然主義的に表現することが主流になったことによって、そのことと引き換えに、神の荘厳さや権威、愛や自然を超えた超常現象など、目には見えない神性を表現しようとする姿勢が失われていきます。

教会が最高権威者として振る舞い、美術も教会を中心に動いていた時代には、画家たちはイエス・キリストやマリアなどを、人間でありながら人間を超えた者として、神性を表現しようと苦心惨憺していました。そうした表現は、言わばその精神性や内面を表現しようとするものでした。その意味でルネサンスは、その当時、時代をリードしてきたキリスト教美術が終焉するものでもありました。

これまでドゥッチョとジョットの、ふたりの画家の作品を鑑賞しながら、神から人へと移り変わる表現を観てきましたが、次の芸術家に進む前に小物（アトリビュート「Attributes」）や色彩の意味に加えて、キリスト教絵画鑑賞に欠かせない「数秘学」、数字のもつ意味についてここで述べておきたいと思います。

人間は太古の昔から数を数えること、数によって物事を表してきました。例えば月の満ち欠けによって、ひと月を二八日と数え、それが一二回で季節がひとまわりすることから、一年を月の満ち欠けの一二回分とする太陰暦はほぼ世界中に見られます。ちなみにユダヤ人の宗教儀式は、現在も太陰暦をもとにしていますが、宗教行事は毎年少しずつ日付が共通暦とずれて行きます。通常の生活は共通暦（太陽暦）も併用していますが、宗教行事は毎年少しずつ日付が共通暦とずれて行きます。例えばキリスト教の復活祭は、もともとユダヤ教の過越祭（エジプトで奴隷だったユダヤ人が解放され自由になったことを記念する祭事）と密接していましたが、その年によっては、一ヶ月ほどずれてしまうこともあります。また一ヶ月二八日の太陰暦では、一年が三六五日とはなりません。そのため数年に一度、一年を一三ヶ月として調整しています。

話を戻すと、聖書には一番初めの書物である「創世記1章」に、神は世界、人類の創造を六日間で行い、七日目は休まれ、安息日としたことが書かれています。旧約聖書や新約聖書には、キリスト教の教義である三位一体の三という数字や、苦しみの数である四〇の数字、そして完全なる自由の数字としての五〇など、さまざまな数字が出てきます。それらはキリスト教美術にも反映されており、これらの数字のもつ意味が分かるようになると、さらにキリスト教絵画の解釈がおもしろくなってきます。とくに大切で、キリスト教絵画に頻繁に表現されている数字を別表にまとめました。絵画に表現されていると言っても、画面に数字が直接描かれているわけではありません。小物の形や描かれた人の数、模様や線の数などによって表現されています。注意深く画面のなかに描かれている人物や小物などを数えながら、作品を観てください。

これらの数字を組み合わせたり、倍数を使ったりなどして、元の意味を示唆する場合もあります。かたちや表現、登場人物などで、数が読み取れるようになると、十字架と復活に繋がる意味が読み取りやすくなります。試しにジョットの『三王礼拝』［図17］を、もう一度観てみましょう。ここでは特に数字に着目してください。

天使の人数の「四」は、すでに解説しましたが、東西南北の四つの方角、つまりこの世界を表す数字で、メシア・救い主が生まれたという、よい知らせを世界にあまねく伝えるという意味があります。マリアとイエスを除くと登場人物は、ヨセフも数えて六人です。六という数字は天地創造の六日目、つまりまだ安息日になっておらず未完成であるという意味があり、救い主が現れる前の世界＝旧約聖書の意味があります。旧約聖書で預言された神の子イエスが生まれ、そのイエスとマリアを加えると八人になります。八という数字は復活を意味する数字でもあり、救いの完成を意味します。イエスが寝かされている飼い葉桶のまわりを取り囲む家畜は、犬を除くと五匹です。五という数字はキリストの傷の数。つまりイエスの将来に起こる苦難、十字架の傷を暗示しています。ちなみに描かれている犬は羊飼いを意味しますが、聖書「ルカ2章」で羊飼いに関する言及はありますが、犬そのものは登場しません。そこからイエスこそが、羊という、弱い人間を導く「羊飼い」であるという意味も込めていると考えられます。

赤ちゃんのイエスの光輪にも着目してください。輪のなかに三つの点のようなものが見えるで

	数秘学チャート：数字のもつ意味
0	無、混沌、カオス、何かを生みだす力。そもそもユダヤ教や古代文明が広まっていたメソポタミアやエジプトには、「何もない」という考え方はあったものの、それを表す数字として、「0（ゼロ）」という概念はなかった。これはアラビア数字で発見、表現されるまで待たねばならない。聖書の「創世記1：2」では、世界の創造以前の状態を「混沌」と呼んでいるが、これが「ゼロ」と結びついたのは中世になってからのこと。
1	全能の神、調和。ユダヤ教は唯一神宗教。
2	父なる神と子なるイエス、二重性。父と子はキリスト教ならではの考え方。
3	三位一体（the Holy Trinity）で、神学的完全数。数学の完全数ではない。父子聖霊の三位一体は異端信仰に対して、イエス・キリストこそは神の子であり神と同等の存在であること、また自由に動きまわる「神の霊（聖霊）」も神と同等であると証明するため、5世紀に固まったキリスト教の教義。キリストは金曜日（1日目。今日のように24時間経過した翌日を1日目とは数えない）に十字架に架かり、日曜日（3日目）に復活したという意味でも聖なる数。
4	東西南北、世界、現在を指す。
5	イエスが受けた傷、人の象徴、五体。イエスが十字架に磔られたとき、頭は棘の冠で傷つき、両手には釘を打たれ、脇腹は槍で刺され、そして足にも釘を打たれ（両足は組まれていたのでひとつと数えられた）、合計5つの、目に見える傷があったことに由来する。
6	天地創造の数、ただし安息日は数えない。（創世記1：1－31） 旧約聖書の象徴、不完全を意味する。
7	神学的完全数、天地創造完成の数。（創世記2：1－3） 創造の業を終えて、7日目に神は安息された。これをもって完結ということで、7は完全な数字とされる。
8	永遠の命を受ける洗礼の数字、復活を表す。キリストは人々の罪を背負うためにエルサレムで十字架にかけられた。伝統的に週の初め日曜日にエルサレムへ入城し、金曜日に十字架に架けられ死亡。入城から8日目の日曜日に復活したことから。8には1週間（7日間）が終わり、また新たに始まるという意味もある。
9	天使の数とされる。父に3名、子に3名、 聖霊に3名が従うといったように。しかし天使の数は様々に描かれているので、9が天使の数という根拠は薄い。
10	十戒を表す。（出エジプト20章、申命記5章） 3という素数と7という素数の、ふたつの素数を足しあわせると10という完璧

	な数字になる。
11	イエスを裏切ったユダが抜けた数。不完全な民族、部族、弟子の象徴。
12	12人の弟子、イスラエル民族の12部族。（創世記29：31-30：24）（創世記35：16-18） イスラエル民族の部族を表す12という数字は古代の世界観も表しており、12とは大枠で世界全体を指示している。
13	イエス・キリストが十字架に架けられたのが、13日の金曜日だから不吉な数と考えられているが、キリスト教的には特別な意味はもたない。あくまで民衆信仰、都市伝説のようなもの。
30	キリストが伝道を開始した年齢。（ルカ３：23）
33	キリストが十字架に架かり昇天した年齢。福音書に出てくる歴史的な人物、ヘロデ大王、その息子ヘロデ、シリア総督ポンティオ・ピラト。祭司カイアファが大祭司だった年などの名称から（ヨハネ18：12-13）、イエスの公生涯と呼ばれる伝道活動は３年から３年半と考えられている。
40	苦難の数字。ノアの洪水は40日40夜（創世記６：１-９：28）、出エジプトでイスラエル人が彷徨った年数（ヨシュア記５：６）、エリヤの逃亡が40日40夜（列王記上19：８）、イエスの荒野の誘惑が40日40夜（マタイ４：１-２、他）などに由来する。
50	ヨベルの数　(Jubilee)、救いの完成、完全なる自由（レビ記25章）を表す。

本シートを作成するにあたり、以下の文献を参考にしました。

Apostolos-Cappadona, Diane, 1994, *Dictionary of Christian Art*, New York: The Continuum Publishing Company.

Ferguson, George, 1954, *Signs & Symbols in Christian Art*, New York: Oxford Press.

Freiburg, Herder, 1978, Farrell, Deborah and Carole Presser ed, trans by Boris Matthews, 1986, *The Herder Symbol Dictionary*, Wilmette, Illinois: Chiron Publications.

Hall, James, 1974, *Dictionary of Subjects & Symbols in Art*, New York: Harper & Row

Lucie-Smith, Edward, 1984, *The Thames and Hudson Dictionary of Art Terms*, London: Thames and Hudson.

Rest, Friedrich, 1982, *Our Christian Symbols*, New York: The Pilgrim Press.

Still, Gertrude. G, 1975, *A handbook of Symbols in Christian Art*, New York: Macmillan Publishing Company.

しょうか。これは十字架です。キリスト教絵画では多くの聖者に光輪が描かれています。この光輪に十字架が描かれるのは、父なる神、子なるキリスト、そして聖霊だけです。本来なら十字架は棒状のもので繋がっていますが、頭の後ろにあるので三つの点に見えます。意図的なのか、表現上ただそうなっただけなのかは分かりませんが、数秘学的に三位一体を表していると 解釈できるのは偶然でしょうか。

これまで言及した小物の特性や色の意味、そして数秘学などを駆使した伝統的解釈は、ルネサンス以降、表現が自然主義的、具象的な表現になっても引き継がれていきます。

ジョットが絵画のなかに動きや物語性を表現し、遠近法も取り入るなどして、より自然な表現が出現することによって、その後のルネサンス美術が一直線に大きく花開いたと考えられがちですが、当時の多くの芸術家たちはパトロンであるローマ・カトリック教会に忖度し、マリアやイエスを大きく描くという伝統的な手法も続けていました。ルネサンスで完成を見る遠近法はジョットの死後六〇年以上経って、マザッチオの誕生を待たねばなりませんでした。

4-4
マザッチオと遠近法
時系列の表現

マザッチオとはいわゆるニックネームで、なんと「不恰好」「だらしない」を意味します。本名は「トンマーゾ・ディ・セル・ジョヴァンニ・ディ・シモーネ・カッサーイ（Tommaso di Ser Giovanni di Simone Cassai）」。日本語にすると、「シモーネ・カッサーイさんのジョバンニ（ヨハネ）の息子のトンマーゾ」となるでしょうか。西欧の芸術家ではときどきあることですが、長すぎるので「マザッチオ」と、あだ名で呼ばれたのでしょう。一四〇一年に生まれ一四二八年に二六歳の若さで急逝してしまいますが、彼が残した作品は、イタリアのルネサンスの画家たちに多大なる影響を与えました。六〇年以上も前にジョットによって導入されながらも一度は途絶えかけた古代ローマの遠近法を、彼はさらに進化させ、ほぼ完成させます。マザッチオの描いた三つの作品から、彼の作風の移り変わりを考察してみましょう。

［図18］はマザッチオが二三歳頃に、マゾリーノと共同で描いた作品です。ここにはまだ重要人物である聖母子が大きく描かれ、そのほかの登場人物は小さく描くという古い伝統的な表現が見られます。聖アンナとマリア、イエスを取り囲む五人の天使たちが、聖アンナや聖母子と比べると小さく描かれているのは一目瞭然です。

神性を表す金色で背景を完全に塗るかわりに、天使が持つ赤い布で三人を覆っています。単純に赤色だけなら受難の赤となりますが、よくよく見るとその赤い布に植物が満遍なく描かれています。バラのようにも見えますし、リンゴのような果実にも見えます。赤いバラであるなら、救い主である神の母マリアを女性のなかの女性という、つまりは王女であるという意味になりますが、リンゴや果実であれば人間の堕罪の象徴であり、償わねばならない罪という意味にもなります。その人間の罪を、神の小羊として洗い清めるのがイエスの役目です。五人の天使が表す、五という数字をイエスが十字架で受けた傷の数という意味から解釈すると、後者の償わねばならない「堕罪の象徴」として、赤い布や果実が描かれていると考えられるかもしれません。

そしてもうひとつ。聖アンナ、マリアとキリストの位置関係を見てください。マリアに抱かれているイエスは中心線から若干ずれてはいますが、三人はほぼ縦一列に配置されています。この位置関係にマザッチオの神学的な解釈が隠されているように思います。それはどういうことかと言うと、父子聖霊を表す三位一体で、ここではあたかも聖アンナがイエスの父である神、聖霊によって懐妊したマリアが聖霊に置き換えているかのようです。それを検証するため、マザッチオの［図19］の作品『聖三位一体』を、よく観てみましょう。

この『聖三位一体』は、マザッチオが描いた遠近法の完成度の高さを物語る聖画です。教会を訪れた礼拝者に、ある意味で、だまし絵のように奥行きを感じさせる、一点透視（画法）の遠近法で描かれています。この作品でおもしろいのは、遠近法もさることながら、父子聖霊というキリスト教の教義である三位一体が直線的に描かれているところです。まず苦難の赤、復活の緑（もしかしたら色褪せた黒）を身に着けた父なる神が、十字架に架かった子なるキリストを、両手を広げて支えています。御父の顔のすぐ下に聖霊を表す白い鳩が真っ直ぐ、棘の冠を被って血を流しているイエスに向かって降下しています。

父なる神の頭、聖霊の鳩、子なるイエスの頭には光輪があり、その輪のなかには十字架が描かれています。鳩は通常小さすぎて、光輪のなかに描かれた十字架が見えにくいですが、この聖画ではしっかりと描かれています。十字架のそばで左右に分かれてたたずむのは、母マリアと一二弟子のひとりヨハネです。マタイ、マルコ、ルカの共観福音書（福音書のなかでは一番古いマルコの視点を共有しているところから共観福音書と呼ばれる）では、イエスが捕まったとき、弟子たちはみな逃げてしまい、十字架のそばには女性の弟子たちしか残っていなかったと記されています。ヨハネによる福音書だけは、なぜかヨハネが十字架のそばにいたことが記されています。

イエスは命尽きる間際に、母に向かって「婦人よ、御覧なさい。あなたの子です」と言い、私のかわりにヨハネが、あなたの息子として面倒をみてくれると伝えました。ヨハネには「見なさい。あなたの母です」（ヨハネ19：26―27）と言って母を託したのです。それは死を前に、神の子イエスがマリアの子として示した、人間の愛を垣間見た瞬間でした。そのやり取りを受けてでしょうか、マリアは鑑賞者（礼拝者）の方を向いて、私の子とでも言っているように、ヨハネの方を指さしています。手前にいる男女はサンタ・マリア・ノヴェッラ聖堂の会員、あるいは教会のパトロンでしょうか。会堂建築やマザッチオの絵に対して多大な献金をした人を描いたのかも知れません。また赤と黒を着ていますので、貴族や聖職者、修道女などの可能性もあります。マザッチオにかぎらず、キリスト教絵画では往々にして、教会に多大な献金をした人たちを絵画作品に描くことがありました。あるいはまた、彼らは柱の手前に描かれていることから、俗世にいる私たちの代表であると考えてもよいかも知れません。

続いてフィレンツェ市内にあるサンタ・マリア・デル・カルミネ大聖堂へもう少し足を延ばして、マザッチオの『貢の銭』［図20］という、ある意味で画期的な作品を観てみましょう。この作品は、イエスが魚のなかから出てきた硬貨を使って、神殿税を納め（出エジプト30：11―16他参照）イスラエルの納税義務を果たすという物語であり、イエスが宗教権威者たちに対して謀反を起こす気などまったくないことを、そしてイエスは律法の完成者であることをアピールするという話が描かれています。（マタイ17：24―27）

この作品がどうして画期的なのかというと、その完成度の高い遠近法もさることながら、この絵画は物語の時間の経過を、ひとつの画面のなかに異なる三つのエピソードを描くというかたちで仕上げているところです。物語はエルサレムの神殿のために、神殿税を集める者たちがペトロのもとにやって来て、「あなたたちの先生は神殿税を納めないのか」と訊くところからはじまります。ペトロがそれをイエスに伝えると、イエスは「税金はだれから取るものか…」とまるで禅問答のような質問をペトロにしますが、神殿税を徴収するものや周囲のものを躓かせないために、ペトロに魚を釣ることを命じます。「その魚のなかに銀貨が一枚入っているから、それを納めなさい」と言い、果たしてそのようになりました。

マザッチオは、中央に第一の場面として、神殿税を集める徴税人が言掛りを付けているところを描き、イエスがそれを受けてペトロに湖の方を指さして何やら命じ、ペトロもそれに応答するかのように、湖の方を指さしている様子が描かれています。イエスは受難の赤（ピンク）、天にいる神を思う信仰の青を着ています。ペトロは信仰の青に謙虚の茶を着ています。そのほかの弟子たち（頭に光輪がある人々）も、伝統的な色を身にまとっています。第二の場面は画面左側に、湖の岸辺で茶の上着を脱いで青の衣だけになって、魚を取っているペトロが描かれています。そして第三の場面は画面右端に、魚の腹から取り出した銀貨をペトロが徴税人に払っているシーンです。ひとつの画面に三つの異なるシーンを描き分け、みごとにエピソードの最初から最後までを時系列的に描き切っています。

マザッチオは二次元の絵画に遠近法によって奥行を描いてつくりだすだけでなく、時間の経過まで描いたのです。この物語性を描く技法やドラマチックな表現、そして主役にハイライトを当てたかのように描く手法は、その後の画家たちに多大な影響を与え、彼らを感化し続けることになります。そうしてフィレンツェは、盛期ルネサンスを迎えることになるのです。

余談になりますが、二〇世紀初頭に、ポスト・キュビズムのひとつの美術運動として、ボッチョーニ、バッラ、ルッソロらによる未来派と呼ばれる画家たちが出てきます。キュビズム絵画のなかに描く対象物の見えない部分や裏側などを描き込むのに飽き足らず、彼らはまるでアニメのひとコマひとコマをすべてひとつの画面に描き入れたような、あるいは残像現象を描き込むような作風で、時間の経緯を描くことを試みました。スタイルは異なりますが、マザッチオの時代から約五〇〇年の時を経て、時間を表現しようとする画家が、イタリアから輩出されたことは偶然ではないように思えます。

（1）　著者の母校の一つでもあるコロンビア大学の学者は、この作品は偽物としている。メトロポリタン美術館は、現在までその真偽を語っていない。

第5章
盛期ルネサンス前夜
美術作品を読み解く学問として

5-1
聖書解釈学の視点から

画面に描かれたイコンを中心に、その作品全体がもつ意味を読み解こうとする学問、「イコノロジー（Iconology）」という解釈学があります。「聖像学」とか、「図像解釈学」とも訳されることがあります。何を探求する学問かというと、描かれている絵画の主題、例えばそこにギリシア・ローマの神話や歴史物語が描かれていれば、その粗筋や背景、登場人物の解説、小物や建物などの意味を、どのように読み解くかということを追求します。著者はさらに一歩進んで、この「イコノロジー」を「ハーメニュティクス（Hermeneutics）」、つまりは「聖書解釈学」の視点から、キリスト教美術について解釈できることを読者のみなさんと共有したく、時代ごとに変化する美術作品の、その解釈の基本となるものをこれまで記してきました。本章ではもう少し聖書理解の立場にたって、キリスト教美術作品の神学的解釈を深めながら、ルネサンス中期の画家フラ・アンジェリコやボッティチェリの作品を中心に鑑賞して行きたいと思います。

5-2
修道士フラ・アンジェリコ

［図21］の、キリストが磔刑に処せられている作品は、フィレンツェのサン・マルコ美術館にあるフラ・アンジェリコのフレスコ画です。サン・マルコ美術館は、フィレンツェのウフィツィ美術館やヴェッキオ橋がある場所からやや北に位置していますが、ぜひとも立ち寄ってほしい美術館のひとつです。そもそもは聖ドミニクが設立したドミニコ派（ドメニコ派とも表現する）の修道院で、多くの修道僧がいまもそこで修行をしています。フラ・アンジェリコ（一三八七―一四五五）もそこで修行をしたひとりでした。「アンジェリコ」と言うのは彼のニックネームで、本名は「グイド・ディ・ピエトロ」と言います。人柄か作品の美しさからか、「フラ（修道士、兄弟の意味）・アンジェリコ（天使のような人物）」という雅号が用いられるようになったのです。二〇世紀にカトリック教会（盛期ルネサンス時代と重なる一五一七年に起こった宗教改革により、西方教会はローマ・カトリック教会とルーテル教会、改革派教会、イギリス国教会、長老教会、バプテスト教会などのプロテスタント教会とに分裂した。以後、西方教会をカトリック教

会と呼ぶ）から「ベアト（Beato）」という、（日本語では祝福されたという意味で英語では「Blessed」と表記する）、称号が与えられ、最近ではベアト・アンジェリコという呼称も定着しているようです。

この『キリストの磔刑』と題された作品は、フラ・アンジェリコがサン・マルコ修道院に残した、キリストの生涯を描いた作品群です。一階は食堂、礼拝堂、中庭、回廊などがあり、大きな作品が展示されています。階段を上がって二階に着くと、その正面にかの有名な作品『受胎告知』〔図22〕を目の当たりにすることができます。そのいきなりの遭遇に、とても驚かされます。通路の壁に直接描かれたフレスコ画であるため、その作品の前には柵やガラスなどは一切なく、目の前に現れる作品に、はっとしばし息を呑んでしまいます。そこからぐるりと二階をめぐると、かつての修道士の寝室だった部屋がいくつも取り囲み、そのすべての部屋の壁に、フラ・アンジェリコが描いたフレスコ画が残されています。四畳半ほどの小さな部屋のほぼすべてに、「キリストの磔刑」が描かれ、修道士が日々「十字架のイエス」を仰ぎ見て、祈ったり、瞑想したりして、修行に励んだことが想像されます。

序章で「すべてのキリスト教芸術は『神による人類救済』、その象徴である『十字架と復活』を指し示す」と書きましたが、ここではキリストの磔刑図そのものから、装飾品や光輪、登場人物の意味について学んでみたいと思います。磔刑図は中期ルネサンスのマンテーニャ（一四三一―一五〇六）やドイツ・ルネサンスのグリューネワルト（一四七五―一五二八）をはじめとして、多くの画家が手がけているテーマです。それらのどの作品も画家の信仰や時代背景、神学が反映され、鑑賞者に「あなたにとって十字架とは何か」と問いかけているように思えます。

5-3
頭蓋骨

聖書にその記述はありませんが、中世の俗説で、キリストの十字架はエデンの園にあった善悪の知識の木（創世記2：16―17、3：1―7）でつくられたと考えられました。まさに原罪を引き起こした木であり、その罪を贖うために、キリストが知識の木でつくられた十字架に架けられたという神学的解釈が表れています。〔図21〕作品の十字架の下の方を見ると、頭骸骨がひとつ描かれています。これは「アダムの頭蓋骨」と呼ばれ、聖書「ローマ5：12―21」にあるパウロ神学、「一人の人アダムによって罪、死が全ての人に及んだが、一人の人イエス・キリストによって全ての人が義とされ命を受ける」を表しています。

5-4
7人の登場人物

この作品には七名の人物が描かれています。七という数字は、神が世界を六日で創造し、その翌日にはじめて安息を取った日を表しています。神学的完全数です。キリストは十字架のうえで、七つの言葉を述べたと聖書には記されていますが、そのうちのひとつに、「成し遂げられた」（ヨハネ19：30）があります。神が創造の業を七日間で成し遂げられたように、キリストは人類救済の業、つまりは堕罪の赦しを十字架によって成し遂げられた。そのことを彼自身が宣言したというわけですが、それをアンジェリコは七という数字で表しているのです。

5-5 光輪と十字

さて次に光輪を観てみましょう。イエスを罵った左側の受刑者以外、イエスやイエスの右側の受刑者、左下で悲嘆にくれる聖ヨハネ、その隣の母マリア、そして聖ドミニク、聖書を持っている聖トマス・アキナス（ドミニコ派学者、神学大全著者）の頭には、それぞれ光輪が描かれています。この作品では一目瞭然ですが、登場人物が多く描かれている聖画ではキリストを特定することが最も重要です。そうすると、そのほかの登場人物も特定できるようになり、描かれた絵画の主題がより明確になります。まずイエスの光輪をよく観てみましょう。十字が赤く描かれています。光輪に十字が描かれるのは、イエスと創造主なる神と聖霊だけです。十字が描かれるのは、神の子とそのほかの人とを厳格に区別するためです。聖霊は鳩の姿で描かれますが、鳩の光輪のなかにも十字があることを見つけると、なんだか微笑ましくなります。他者の光輪には十字はなく、神の子であることが厳格に区別されています。

この作品では右側の受刑者にも光輪があることから、聖書「ルカ23：39―43」にある、「この罪人の悔い改めと赦し」を描き、永遠の命を示唆しています。しかし下の方を見ると、ヨハネが描かれているため、ルカによる福音書とヨハネによる福音書とが混在していることがわかります。宗教画は聖書の忠実な再現ではなく、芸術家の信仰表現です。この作品は、そのよい例であると考えられます。

5-6 ドミニクの星とアキナス

さらにここに描かれているドミニクの光輪を見ると、星がひとつ描かれています。伝承ではドミニクが洗礼を受けたときに星が現れたとされ、それがその後、彼のトレードマークとして定着しました。ドミニクはそれゆえに、天文学の守護聖者とされています。跪いているアキナスが持っている本は聖書であり、「信仰」や「敬虔」を意味し、聖母マリアもよく聖書を持った姿で描かれています。キリストの側に聖書を持っている男性がいたら、それは福音に関わった人ということで、一二弟子のうちのだれかである可能性が高くなります。

また本来なら、その場にいないはずのドミニクやアキナスが描かれているのは、彼らがドミニコ派の代表人物だからです。聖画には、発注元の教会に由来する人物や多額の寄付をしたパトロンがよく描かれます。そしてパトロンだけでなく、関係する教会や教派の要人なども描かれることがあります。アンジェリコは修道院に縁があるため、ドミニクやアキナスらの敬虔さもいっしょに描いているのです。作品を鑑賞するときは、聖書に登場する人物ではない人たちも描かれていることがあるということを、しっかり念頭においてください。

5-7 ふたつの作品が大きく異なる点

［図22］は、フラ・アンジェリコが描いた『受胎告知』です。『キリストの磔刑』と同じサン・マルコ美術館にあり、世界的に有名な作品のひとつです。この『受胎告知』は同じ修道院内の建物に描かれていながら、既述の『キリストの磔刑』とは、一味も二味も異なります。まず『キリストの磔刑』は、現在そのほとんどの部分が剥がれ落ちてしまっていますが、そもそも画面は金色か、あるいはそれに近い色で塗られており、奥行きは表現されていません。十字架のイエス・キリストが背負っているその苦しみや深い神の愛、赦しを、修道士がひたすら思い、瞑想するために描かれたものです。一方の『受胎告知』は遠近法が用いられているためか、マリアの内壁の小窓あたりにその焦点が定められ、自然な空間の奥行が感じられます。

5-8 天使の羽根

ルネサンスの特徴のひとつで、天使の羽根は自然界の鳥の色に模して彩色されています。アンジェリコだけでなく、ボッティチェリやダ・ヴィンチら多くの画家も、天使の羽根を鳥の羽根のように着彩しています。天使は神の使いで、本来なら超自然的な存在として表現されますが、マリアの聖性や神性をより強調するためでしょうか、天使の羽根が庭に飛び出していることからも察すると、天使を自然界の存在として描いています。塀の向こう側は自然界で、庭はその内側、段階を踏んでマリアの世界に近づいています。

5-9 彩色

天使とマリアの服の色を観てみましょう。マリアは神のいる天を思う信仰の青、色褪せてピンクに見えますが、ピンクであれば赤の類色ということでキリストの受難を、そして目の前で息子が十字架の刑に処せられる母マリアの受難も示しています。フレスコ画であるため、作品が完成してから六〇〇年ほど経過しているため色が退色してしまっていることなども考慮すると、壁の色も含めて、穢れない白だったとも想像できます。天使は明らかに受難の赤い衣装を着ています。

5-10 ふたりのポーズ

次にふたりのポーズについてですが、ふたりは同じように体の前面で腕を組んでいます。しかし、その意味はまったく異なります。聖書「ルカによる福音書１：28」に、天使がマリアのところにやってきて、いきなり「おめでとう、恵まれた方。主があなたと共におられる」と告げたと記されています。続いて29節では、「マリアはこの言葉に戸惑い、いったいこの挨拶は何のことかと考え込んだ」とあります。さらに30―33節で、天使は「マリア、恐れることはない。あなたは神から恵みをいただいた。あなたは身ごもって男の子を産むが、その子をイエスと名付けなさい」と続けます。34節で、マリアは天使に言いました。「どうして、そのようなことがありえましょうか。わたしは男の人を知りませんのに」と応答しています。

聖母画では、マリアは成人した大人の女性のように描かれる傾向がありますが、聖書の時代では、女性は一〇代で嫁ぐことが一般的でした。マリアはまだ一〇代半ばの処女です。それがいきなり「神様の子供を産む」と言われたら、驚いて身構えたとしてもそれは当然です。マリアは驚き、恐れ、そして身を守るポーズを取った。一方の天使は、聖母となるマリアを敬い、謙るようにマリアの前で腕を組んでいます。アンジェリコはそのふたつのポーズを描き分けているのです。

5-11 聖なる空間

ふたりの立場の違い、聖母マリアのいる空間と自然界に連なる天使を分けるべく、ふたりのあいだには柱が描かれています。アンジェリコはこの柱によってふたりを隔て、さらに椅子に座っているマリアの目線や背の高さの方が、跪く天使よりも少し高くなっています。カトリック教会のマリア信仰が、さりげなく描かれているると解釈してもよいでしょうか。そうしたマリアには、なんとも言えない気品が漂っています。

5-12 ボッティチェリの『ヴィーナスの誕生』

通称「ボッティチェリ」。本名「アレッサンドロ・ディ・マリアーノ・フィリペーピ」と言えば、『ヴィーナスの誕生』や『春』といった作品が、ウフィツィ美術館に収蔵されていることを思い起こす人もいるのではないでしょうか。どちらもその実物は大型の作品で、そのきめ細やかなディテールや登場人物、とくに女性の優美な表情やしぐさには目を奪われます。ボッティチェリはレオナルド・ダ・ヴィンチとほぼ同年代の画家ですが、ダ・ヴィンチに不遇な時代があったことと比べると、ボッティチェリの創作活動は順風満帆で、活動の早い時期から名声を博し、システィーナ礼拝堂の壁に描くことも依頼されます。しかしながら、レオナルドとボッティチェリは、その表現方法や技法は大きく異なります。ボッティチェリは、ルネサンスという時代そのままに、古代ギリシア・ローマの芸術に感化され、題材もギリシア神話に求めていました。それだけでなく、彼の描く人物はあたかもギリシア・ローマの彫刻作品を描いているようにさえ見えます。彼の作品で最も有名な、ウフィツィ美術館に収蔵されている『ヴィーナスの誕生』は、著者にはそのポーズや顔も、首や胴体のプロポーションなども、そうした表現がどうしても不自然に見えてしまって、ギリシア・ローマの彫刻をそのまま模した絵画に見えてしまいます。この『ヴィーナスの誕生』については、またの機会に譲りたいと思います。

5-13 ボッティチェリの『受胎告知』

ここではウフィツィ美術館が収蔵する、ボッティチェリの『受胎告知』［図23］を観てみましょう。これまで鑑賞してきたように、ルネッサンス初期までは、画面の登場人物を金色で塗り囲むことで、その神性を表していましたが、遠近法の確立によって、背景がより自然に見えるように描かれるようになります。遠近法で描かれた世界は、言わば人間の暮らす三次元の世界です。そのなかで、どのように神性を表すかが大きな課題となりました。前述のフィレンツェのサン・マルコ美術館にあるフラ・アンジェリコの『受胎告知』では、柱によって神と人の空間を区分けていましたが、［図23］のボッティチェリの作品には、そのような柱は描かれていません。ではどのようにして、神の空間と人の空間を別けているのでしょうか。また神性や聖書の主題でもある「神による人類救済」を、どのように表現しているのでしょうか。三つの点に着目して、ボッティチェリの創意工夫を考えてみましょう。

5-14 三つの着目点 その1…床の白線

まずは、床に描かれた格子状の太い白線に注目してください。一点透視遠近法に則って、手前は幅広く、遠くに行くほど細くなるように描かれています。この直線が、あたかも結界のように機能して、天使ガブリエルとマリアの世界とを分けています。背面に描かれている、壁の出入口まわりに引かれた縦の線にも注目してください。これも天使ガブリエルとマリアとを分けています。

5-15
三つの着目点
その2…野外風景

次に、出入口から広がる外界の風景をよく観ると、その景色は、はるか遠くまで広がり青空が描かれています。自然界を描いていますが、空は天上界であり、神の世界です。

5-16
三つの着目点
その3…小物

最後に、画面に描かれたふたりのポーズや色、持物などの小物にも着目しましょう。マリアは伝統的な青（天＝神の世界を思う信仰の色）、受難の赤、そして喪の黒を身にまとい、ガブリエルも赤と神性を意味する黄、そして金の衣装を身に着けています。天使の衣は通常は白ですが、このガブリエルは赤を着ていることによって受難を暗示しています。一般的には、マリアは敬虔さ信仰を象徴する聖書を読んでいる姿で表現されますが、この作品もそれに倣っています。しかし画面右側の半分切れて表現されているものが、どうして聖書であると分かるのでしょうか。この作品はもともと、フィレンツェ郊外のチェステッロ教会に納められ、床の模様や内壁などは、その教会の内装を描いたと言われています。マリアはこの教会の朗読台に向かっている姿で描かれています。つまり聖書を朗読していたと考えられるのです。天使ガブリエルは、マリアの花である純潔を示す白百合を左手に持っています。百合はフィレンツェの花ですが、春に咲く多年草であることから復活の花とされています。

天使ガブリエルがオリーブを持つことも多々あり、オリーブは神と人の和解（「創世記8：10―12 ノアの物語」ほか参照）、つまりは平和を意味し、このことから窓の外に見える高くそびえ立つ木がオリーブの木であるとする説があります。またボッティチェリは聖書「イザヤ11：1―2」に、「エッサイの株から一つの芽が萌えいでその根から一つの若枝が育ち、その上に主の霊がとどまる」とあるように、エッサイの木を描き「アブラハムの子ダビデの子、イエス・キリストの系図」（マタイ1：1―17）にある、ダビデの家から救い主が生まれることを暗示していると解釈することもできます。

マリアはお告げを聞き、驚愕しています。このマリアの表現は固く、どこかぎこちないように見えます。まるでヴィーナスのように、あるいはギリシア・ローマの彫刻作品のようにも見えないでしょうか。しかし、このぎこちなさがマリアの内面を表現することに、一役かっているのも事実です。聖書「申命記22：23―24」に、「ある男と婚約している処女の娘がいて、別の男が町で彼女と出会い、床を共にしたならば、その二人を町の門に引き出し、石で打ち殺さねばならない」と書かれています。ヨセフの婚約者であるマリアが、もしヨセフ以外の子を妊娠したら死罪になる。このような背景を理解してこそ、マリアの拒絶ともとれる苦悶が、天使ガブリエルとマリアの手の無言のやり取りに見て取れます。それでもマリアは、「お言葉どおり、この身に成りますように」（ルカ1：38）と受け入れたのです。マリアの葛藤は、いかばかりだったことでしょうか。

5-17 メトロポリタン美術館蔵の『受胎告知』

ニューヨークに戻って、メトロポリタン美術館本館にあるボッティチェリの『受胎告知』を観てみましょう。ウフィツィ美術館のものと比べると、その作品サイズはとても小さく、著者はこちらの作品を見慣れていたこともあり、ウフィツィ美術館の『受胎告知』を初めて見たとき、その大きさに驚きました。これはボッティチェリだけでなく、ルネサンスの巨匠たちの作品にも言えることですが、本家本元フィレンツェにある美術館や教会にある作品は、どの作品もスケールが大きく、それらを一度はじっくりと鑑賞したいものです。

こちらのメトロポリタン美術館が収蔵するボッティチェリの『受胎告知』では、天使ガブリエルとマリアのあいだに柱が数本描かれ、神の空間と人の空間とが区別されています。マリアは信仰の青（青緑）、受難の赤、そして喪の黒を身にまとっています。天使も、穢れなき白と受難の赤を身にまとい、左手にはマリアの花である百合を持っています。天使の羽根は聖い白ですが、後方の壁にあるふたつの窓からは外の風景が覗いています。その左側の窓を覆うように天使の羽が描かれていることから、天使が自然界の存在であることが強調されています。

マリアに目を向けると、彼女の前には信仰の象徴である聖書が朗読台に置かれていて、彼女の敬虔さが表現されています。天使の後方から差し込む光は神の光であり、マリアの方に向かって伸びています。これはマリアが聖霊によって懐妊したことが表されています。マリアも天使もたがいに膝をかがめ、謙るポーズを取って挨拶を交わしています。これは旧約聖書で預言された救世主が生まれるという、厳粛な事象が起きることを表しているからでしょうか。聖書「ルカ１：26―38」では、マリアは初めは天使のお告げに戸惑いますが、最後は「わたしは主のはしためです。お言葉どおり、この身になりますように」と言い、自分の運命を受け入れます。マリアが左手で自分の上着を持ち、右手を胸の上にかざしているポーズは、まさにマリアの決心、謹んで神の御心を受け入れますという意味を表現しているのです。

第６章　盛期ルネサンスⅠ　巨匠たちの絵画が示唆していることとは

６－１　盛期ルネサンスの三大巨匠

ルネサンスは、レオナルド・ダ・ヴィンチ、ミケランジェロ、ラファエロという美術の世界の三大巨匠が登場して全盛期を迎えます。一五世紀後半から一六世紀前半にかけてのことです。この時代を美術史では、「盛期ルネサンス」と呼んでいます。彼らの卓越した技法や表現における工夫は、そのほか芸術家たちを凌駕していると考えられます。しかしその一方で、彼らがおもにフィレンツェやローマで暮らし制作した時代を頂点として、キリスト教美術は哀退してしまいます。そうした点も含め、彼らの作品を観ながら聖書的な解釈を試みたいと思います。

6-2 レオナルド・ダ・ヴィンチ

まずはじめにレオナルド・ダ・ヴィンチ（一四五二―一五一九）についてですが、彼の作品について書かれた解説書などは多数あるため重複している部分も多々あるかと思いますが、ダ・ヴィンチと言えばやはり、『モナ・リザ』や『最後の晩餐』［図25］が思い浮かびます。現代のミラノは、フィレンツエやローマ、ヴェネツィアと比べるとかなり近代化されていて、モダンなビルやお洒落な街並みが印象的な都市です。サンタ・マリア・デッレ・グラツィエ修道院はその街中にあり、歩いていると突然、赤いレンガ造りの建物が目に入ります。この修道院には、カトリック教会とドミニコ（ドメニコ）会の修道院が併設されていて、現在は世界遺産に登録されています。本章ではダ・ヴィンチが、このキリスト教の主題のひとつである『最後の晩餐』を、どのように描いたかという観点から観て行きたいと思います。

まず『最後の晩餐』の実物を目にすると、だれもがその大きさに驚かされます。そもそもこの作品は、修道院の食堂の装飾画として制作されました。ひとつの壁のほぼ全面に、人物や小物などが実物以上の大きさで描かれています。作品が展示してある部屋の入口から入ると、少し離れたところに『最後の晩餐』が展示されているため、その全貌が鑑賞できます。作品に近づくと、しだいに作品の細部が見えてくるというような導線が設計されて公開されています。ダ・ヴィンチは盛期ルネサンスの第一人者であると考えられていますが、聖画特有の光輪などはいっさい描かず、人間性の表現に徹して作品を仕上げているのが特徴です。しかしながら彩色に関しては、これまでの伝統を踏襲していて、描かれている赤や青、緑や茶などの色味は、これまでの記述を参考にして読み解けると思います。

6-3　『最後の晩餐』の構図

構図については、ダ・ヴィンチは横の広がりと奥行を表現するために遠近法を駆使しています。画面の中心になる部分に釘を打って、キリストの頭が画面全体の中心になるように位置を決めてから描きはじめています。それはキリストを取り囲む人物すべてがキリストを中心にして存在しているということを演出するためです。画面の中心から左右上下の四つのコーナーに線を引き、一点透視遠近法による表現で部屋の奥行は表されています。キリストの背後の三窓から見える風景もまた、遠近法に則って表現されています。山並みや木々などは小さく描かれ、空は青みがかった色調で表すことで、遠方の空気感が表現されています。

描かれた弟子たち全員は、中心点から左右に伸びるテーブルの上に横一直線上に配置されています。キリストに近い場所に表現された弟子は、キリストが「あなたがたのうちの一人がわたしを裏切ろうとしている」（ヨハネ13：21他）という発言に驚き悲しみ、問い返しています。中心から離れていくにしたがって声が届きにくくなるため、そこで何が起こっているのか分からず、すっと立ち上がって、「なんだ、何があったんだ!?」という弟子の反応を描くことで、距離から生じる時間差も表現されています。

弟子たちは、左からバルトロマイ（皮を剥がされ殉教。ミケランジェロは『最後の審判』で自らをバルトロマイとして表現化した）、小ヤコブ（イエスの弟）、アンデレ（ペトロの弟）、ペトロ（イエスの一番弟子。初代教皇「伝承」）、イエスを裏切ったイスカリオテのユダ、そしてヨハネ（ヨハネによる福音書によると最も愛された弟子）です。キリストの右側は、左からトマス（双子と呼ばれた）、大ヤコブ（ヨハネの兄）、フィリポ（ギリシア系ユダヤ人）、マタイ（「マタイによる福音書」の著者で徴税人）、タダイ・ユダ（英語ではジュード。「ユダの手紙」の著者）、そして熱心党（過激な反ローマ結社）のシモンです。三人ずつが四グループにまとめられて表現されています。

三という数字は「三位一体」、四という数字は「東西南北」を意味し、地理的、そして物理的には「世界」を象徴しています。一二という数字は「ヤコブの子供の数」であり、「イスラエル全一二部族」を意味しています。この全部族を救うために、一二弟子が選ばれたという訳です。さらにキリスト教では世界宣教の観点から、一二という数字は象徴的に「全世界の民」を表す数字とされています。地理的、物理的に「世界」を表す四という数字とは意味を異にしています。

6-4 『最後の晩餐』の配置と表現からわかること

弟子の配置についてですが、ダ・ヴィンチ以前にも多くの画家が「最後の晩餐」をテーマにした作品を描いています。しかしイスカリオテのユダを含む一二弟子を横一列に並べて描いたものは、ダ・ヴィンチの作品以外にはありません。弟子のみなが片側に並んでいて、ユダのみを反対側に着座させたり、あるいはテーブルの両サイドに弟子を配置して光輪も描いてはいるものの、ユダだけはその光輪が描かれず孤立させるというかたちで表現している作品もあります。ダ・ヴィンチはユダをほかの一一弟子たちと同様に取り扱い配置し、その仕草によって別の弟子たちと区別することで、裏切り者のユダを明示しようとしたのです。

またダ・ヴィンチは弟子が驚き、悲しみ、憤っている様子を、手の動きによって表現しようとしました。あるものは手を広げ、あるものは手を大げさに差し出し、そして天を指さしているものもいます。ペトロあるいはヨハネがナイフを持っているが、それ以外の弟子たちは手には何も持っていません(1)。ところがもうひとりユダだけは、イエスを売って手にした銀貨を入れた銭袋を右手に持ち、左手はイエスからパンを受け取ろうとしています。今日スポーツの世界では利き手が左であると、サウスポーとして重宝されることがあります。しかし一五世紀や一六世紀の時代は、左利きは蔑まされていました。ラテン語から派生した「デクスタラス（dexterous)」という、「器用な」「巧妙な」「利口な」「怜悧な」という意味をもつ英単語がありますが、この単語の語源となっている「デクスター（dexter）」という単語は、「右の」「右側の」という意味をもっています。これは多数派である右利きの優越性を象徴するような言葉であると著者は思います。一方、左を意味する言葉はというと「誤り」「邪悪」「厄介な」「ペテン師」「不器用な」といったような、悪い意味をもつ言葉が数多く見受けられます。(2) じつはダ・ヴィンチも左利きで、当時はそのことで陰口を言われていたようです。日本にも、左利きを蔑視した時代や思想がありました。もちろん時代によっては、左利きが尊ばれる傾向も見られることがありましたが、例えば茶道には右利きが重視される思想の痕跡が見られます。亭主は茶碗を右手で差し出し、客も右手でその茶碗を受けて両手で押し頂いて服します。また茶碗を清めたあと、その茶碗に残る湯水を建水に入れる時は、茶碗を左手で持ち運びます。これらの一連の所作は、右は清く左は不浄という思想の名残とも考えられます。ダ・ヴィンチは、その不浄な左手でパンを受けとる男こそ裏切り者のユダであると指し示したかったのです。

余談になりますが、この『最後の晩餐』に描かれているヨハネが女性に見えることから、小説『ダ・ヴィンチ・コード』では、このヨハネはじつのところマグダラのマリアであって、マリアとイエスが男女の愛で通じていたと言うように書かれています。しかしながら、福音書の愛はギリシア語の「アガペー（agapē）」という「崇高な神の愛」のことであり、この小説はまったくその根拠が示されていません。聖画というものは、世俗の根拠が薄弱な解釈に惑わされることなく、信仰の目をもって作品を読み解きたいものです。

6-5 『聖アンナと聖母子』について考える

もうひとつ、ダ・ヴィンチの描いた聖画を観てみましょう。この［図26］作品は、『聖アンナと聖母子』と題されています。聖アンナはマリアの母であると解釈されることがありますが、聖書にはそのような記述はありません。聖書「ルカによる福音書2：36―38」では、アシェル族（イスラエル一二部族のひとつ）のファヌエルの娘で女預言者アンナが、神を賛美しエルサレムの救いを待ち望む人々に、幼子イエスのことを伝えたと記されています。聖アンナ、その手前にマリア、そして幼子イエスの三人が、救い主の象徴である神の小羊を抱えようとしているこの構図は、三人という登場人物もさることながら、聖アンナの頭を頂点に三角形の構図にしっかりと納まっています。これは父子聖霊の三位一体を、アンナとマリア、そしてイエスに見立ててみると、おもしろい解釈ができるのです。

ダ・ヴィンチは『モナ・リザ』はじめ、いくつかの作品で、この三角形の構図を使って人物を描いています。純粋に美術表現の観点から見ると、三角形は構図の安定性を担保するかたちであると考えられています。『最後の晩餐』のイエス・キリストも、その頭を頂点にして二等辺三角形で描かれています。ダ・ヴィンチだけでなく、多くの画家が二等辺三角形のかたちに人物を配置しています。あらためて作品をご覧になってください。いくつもの二等辺三角形のかたちが、作品のなかに発見できると思います。

6-6 ミケランジェロの彫刻作品

ダ・ヴィンチとならんで、あるいはそれ以上に高い評価を受けているのがミケランジェロ・ブオナローティ（一四七五―一五六四）です。二三歳の若さで世に送り出した彫刻作品、『ピエタ』［図27］によってミケランジェロは彫刻家として一躍名声を築きます。またもその作品がとても大きいものであったために、これまでだれも素材として使用してこなかった大理石を用いて、世界で最も巨大なダビデ像を仕上げたことでも有名です。

この作品は、ローマのサン・ピエトロ大聖堂の入り口近くに安置されています。ヴァチカン正面の入り口から広がる大庭を通り抜けて聖堂に入ると、正面向かって右側の、ややほの暗い回廊付近にひっそりと設置されていました。日々押し寄せる観光客の数にもよるのでしょうが、『ピエタ』の近くまでは近寄れないよう制限されていることが多く、また設置されている場所も暗いため、作品のディテールを鑑賞するのが、とても難しいのが残念です。しかし、この作品のレプリカは世界中に点在しています。日本やアメリカでも、思わぬところで遭遇することがあります。そのひとつに、ニューヨーク市クイーンズ区にあるクイーンズ美術館があります。

クイーンズ美術館は「フラッシング・メドウズ・コロナ・パーク」、通称「フラッシング・メドウズ」のなかにあります。ご近所のニューヨーカーもあまり訪れたことがないのでは、と思えるほどのマイナーな美術館です。このフラッシング・メドウズは、一九三九年に開催されたニューヨーク万博で開発されたエリアです。その後一時的に国連の施設が建てられ、一九六四年に再びここで万博が開催されるなどして整備されてできた公園です。ラ・ガーディア国際空港からは目と鼻の先にあり、また近くにはニューヨーク・メッツのホーム球場「シティ・フィールド」や、テニス世界四大大会のひとつU・Sオープンの会場となるテニスコートがあることでも有名です。現在も一九六四年の万博のとき建てられた建造物が、いくつも残されています。いつも大勢の人で賑わっているマンハッタンのセントラル・パークに比べると、イベントがないときは空いていて、さり気なく美しい穴場的な公園と言えます。

クイーンズ美術館は、おもに現代美術や地域の芸術振興のために企画、展示を行う美術館です。前衛的な作品の展示があったり、思わず微笑えんでしまうような児童の作品と出会えたりといったような、多種多様な作品を間近で堪能することができます。そうした美術館の入り口に、「あれ？　なんと不釣り合いな！」と、つい口に出してしまうような人もいるのではないかと思えるほど目立つところに、ミケランジェロの『ピエタ』が設置されています。

正直に言えば、著者も「なぜ、ここにピエタが?」と思いましたが、一九六四年の世界万博では、ロケットをはじめとして各国が競って大型の商館を出していただけでなく、ローマ教皇庁ヴァチカンも展示館をひっそりと出展していたようです。それを記念して、ミケランジェロの『ピエタ』のレプリカが製作されて、クイーンズ美術館にそのまま寄贈され、今日に至っているのだと考えられます。ただ石膏でつくられたレプリカであるため、ヴァチカンに設置されている大理石でつくられた本物の『ピエタ』と比べると、本物は約五〇〇年の歳月を経てくすんでしまい、ところどころ黒ずんでいるところがあるため、クイーンズ美術館の『ピエタ』は真っ白いままであることから、違和感を覚える鑑賞者もいるかもしれません。それでもマリアの衣装の折り目やしわ、我が子イエスよりも若いと思えるような母マリアの表情は、悲嘆のためか、放心状態からか、その顔はのっぺりとして無表情です。またイエスの遺体も、やせ細り肋骨が浮き出ているところなど、手を伸ばせば触れることもできる距離感で観ることができて、細部の隅々までしっかりとミケランジェロの彫刻表現を堪能することができます。

6-7
芸術作品の最高峰
『最後の審判』

彫刻家ミケランジェロが画家としても、比類なき「天才」の名を冠するようになったのは、ローマ教皇庁のシスティーナ礼拝堂の壁画群を手掛けたことによってです。システィーナ礼拝堂では、ラファエロやボッティチェリ、ペルジーノら、錚々たる画家たちが聖画を描きました。しかし圧巻はミケランジェロの描いた天井画です。教皇ユリウス二世が彫刻家ミケランジェロを抜擢し、一五〇八年から一二年にかけて「天地創造」から「ノアの箱舟」まで、九つの場面に一二預言者や巫女などを、フレスコ画によって礼拝堂の天井に描いた作品です。そして天井画を完成させてから二四年の歳月を経て、一五三六年から五年を費やして、礼拝堂の正面、祭壇後方の壁一面に、『最後の審判』［図3参照］を描きました。ロマン・ロランが執筆した『ミケランジェロの生涯』には、「自分は彫刻家で、画家ではない」と言って制作の依頼を固辞したことや、なんども行き詰まっては制作を中断するなど、彼の苦悩が描写されています。

ミケランジェロの時代には、ルター（一四八三―一五四六）やコロンブス（一四四六―一五〇六）、コペルニクス（一四七三―一五四三）にマゼラン（一四八〇―一五二一）、そしてヘンリー八世（一四九一―一五四七）など、のちに歴史に名を残した人物がたくさんいます。ただカトリックにとっては激動の時代でした。イタリア国内では、ドミニコ派の修道士サボナローラ（一四五二―九八）がフィレンツエで終末論を唱えて人心を混乱させ、地方自治体の教皇統治に対する背反行為がありました。カトリック国のポーランドでは地動説を唱えたコペルニクスや、神聖ローマ帝国（現在のドイツ）で宗教改革を起こしたルターなど、他国でもカトリックへの造反行為である事態を起こしました。ユリウス二世の在位は一五〇三年からの一三年間でした。その間、宗教改革が起こる前のことでしたが、カトリックの権勢は徐々に脅かされつつあったのです。ミケランジェロはカトリックの唯一無二の権威を顕現化すべく、『アダムの創造』や『人類の堕落』、そしてノアの箱舟に見る『第一回目の裁き』を描きます。天井画が完成した翌年にユリウス二世が逝去しますが、それと呼応するようにミケランジェロはシスティーナ礼拝堂での制作に一度幕を引きます。

ミケランジェロはその後も、続く何人かの教皇のもとで彫刻制作に携わりました。一五三六年に当時の教皇パウルス三世（在位一五二四―四九）はミケランジェロを呼び、聖壇の壁に『最後の審判』を描くように依頼します。この頃には宗教改革の波が、北ヨーロッパで破竹の勢いで広がりつつありました。カトリックもプロテスタントに対抗するため、後に「対抗宗教改革」と呼ばれる内政改革を実施し、勢力拡大を計り世界宣教を展開します。日本とも深い繋がりをもつイエズス会を承認するなどして、異端裁判を繰り広げました。このような時流のなかで、礼拝堂の壁に描かれた『最後の審判』は、まさにカトリックの絶対的権威である「不信仰者の裁きと悪への勝利」を象徴する作品であると考えられています。

その描かれた壁画は「天井の再臨のキリストと聖者群」「裁きの場」、そして「地上世界」の三世界から構成されています。これら作品の上段には、十字架や棘の冠、鞭打ちでキリストを繋いだ柱など、磔刑の備品も描かれています。これはキリストの受難の象徴であって、終末あるいはその後の世界観を表現するものではありません。画面中央で、力に満ちて右手を振りかざす姿で描かれている男性は「裁き主キリスト」を表し、栄光の主であることを示しています。まわりには赤と青を衣装にまとった母マリアや鍵を持つペトロ、生きたまま剥がされた皮を左手にもって殉教するバルトロマイ、ローマの守護聖者ローレンスは火あぶりで殉教したためグリルの金棒を抱えている姿で表現されています。壊れた車輪を持つカテリナ、エックス型十字架を持つ後ろ姿のアンデレなど、カトリック聖者がたくさん描かれています。空中には裁きを受けた人たちが描かれ、キリストの右下（われわれ鑑賞者からは左下）には救われた人たちが、キリストから見て左下には裁かれた人たちが描かれています（「マタイ25章」参照）。

着目すべきは、時を告げるラッパを吹いている天使たちです。聖書「ヨハネの黙示録8：6―11：19」には、七人の天使がラッパを吹き7つの災いが起こったと記されています。しかしながら著者の目にはどう見てもラッパを持っている天使は、八人いるように見えます。［図28］をご覧ください。これは私的な解釈ですが、キリスト教では、七という数字は天地創造の完成を意味する聖なる数字で、八という数字はキリストの復活を示します。キリストは日曜日にエルサレムに入城し、金曜日に十字架に架けられ、そして次の日曜日、つまり八日目に復活した。そこから八は「復活」や「新生」を意味する数字となりました。また完成数七が終わり、八からまた新たにはじまるという意味でもあります。ところがラッパを吹いているのは六人の天使で、七人目の天使も八人目の天使もラッパを吹いていません。もし七人目がラッパを吹いたとすると、この世に終末の裁きが来るという意味になってしまいます。しかしまだ終末は来ていません。

人類にはまだ悔い改めてイエス・キリストを信じ、堕罪の罪から救われる可能性がある。ミケランジェロはそう鑑賞者に伝えたかったのではないかと理解することはできないでしょうか。やがていつの日か、第七のラッパが吹かれ神が裁きをくだす。そして第八の天使のラッパが高らかに吹きわたり、人類は「復活」「再生」するのです。ミケランジェロは聖書「黙示録21、22章」にある、神の新しい世界を高らかに告げるラッパの存在を、ひとつ描き加えたのかも知れません。

（1） ヨハネ18：10―11にユダの裏切りでイエスが捕まった時、ペトロが大祭司の手下の耳を切り落としたという記述がある。ダヴィンチはそのためペトロにナイフを持たせたと考えられる。しかしながらペトロの手だとするとかなりぎこちないので、ユダの裏切りに気づいたヨハネがナイフでユダに切りかかろうとするのをペトロがその手をつかみ止めているようにも見える。

（2） Elster, Charles Harrington, 2000, Verbal Advantage, New York: Random House, 100-101.

第７章
盛期ルネサンスⅡ
ラファエロとヴェネツィア派の画家たち

７－１
もうひとりの三大巨匠

ラファエロ・サンティ（一四八三―一五二〇）は、ダ・ヴィンチやミケランジェロとともに、イタリアの盛期ルネッサンスに活躍した三大巨匠のひとりです。聖画と言えば、真っ先にラファエロの描いた作品を思い起こす人も多いと思います。三七歳で夭折していますが、彼の卓越した表現は同時代および後世の画家に大きな影響を与えました。そのため、ラファエロの亜流として多くの「聖母子画」が描かれるようになりました。

まず最初に、［図29］の『コロンナの祭壇画』としても知られる、『玉座の聖母子と五聖人』のモチーフやポーズから、その秘儀を読み解きたいと思います。

7-2

『玉座の聖母子と五聖人』

この［図29］の作品は、メトロポリタン美術館二階のイタリア・ルネサンス絵画コレクションの目玉ともいえる作品です。そもそもは教会の祭壇画として描かれました。下部の正方形の聖画は、上下左右ともに一七二・四センチほどあります。上部の半円の聖画は半径七九・四センチ、左右幅は一八〇センチとなっています。下部の正方形の作品よりも、左右が八センチほど長くなっています。このふたつの作品が一体となって、遠くからでもラファエロの描いた作品だと一目で分かる逸品です。本体の側面には、ネジ跡があることから、本来は三連の祭壇画として制作されたものではないかと容易に想像がつきます。きっと左右には教会ゆかりの聖者やパトロンなどの絵があったのではないでしょうか。これは美術館の作品展示の課題のひとつであると著者は考えますが、教会の依頼で制作され、その教会に設置されていた作品が、何らかの事情で売却されてしまって、ひとつの完成した祭壇画であったものが三つの作品としてバラバラに解体されてしまった。そのような背景をもつ作品の真ん中の部分だけが展示されていることを思うと、著者は残念でなりません。

さて『玉座の聖母子と五聖人』の構図を見てみましょう。まず美しくバランスの取れた構図にするために、ラファエロはダ・ヴィンチが好んで用いた三角形の構図を踏襲しています。またラファエロはアラビア数字の8のなかに、すべての登場人物を配置するという創意工夫を凝らしました。後世の画家たちも、以後このかたちに倣うようになりました。８というかたちのなかに収めるために、上部の半円形の作品のなかには父なる神と四人の天使、下部の正方形の作品にはマリアと幼児イエス、そして五人の聖人が配置されています。神とイエスは三本の指を立て祝福を表し、神は球体を持っています。三本指は三位一体、球体は地球を、つまりは世界を意味しています。球体のかわりに聖書が描かれていることもありますが、聖書は世の初めから終わりまでが記された書物を表し「時代を超えて世を統べ治める」という意味で、この祝福を先述しましたが「パントクラトール（Pantocrator）」と呼びました。ギリシア語では「全能者」「世の統治者」などの意味がある言葉です。

ただ「神の祝福」と「他者の祝福」とは厳格に区別されています。すでに何度か言及してきましたが、キリスト教美術では特定の数字には、神学的な意味が隠されています。第四章の数秘学に関する別表を思い出して、作品鑑賞することをお勧めします。

続いて『玉座の聖母子と五聖人』の色彩は、どうでしょうか。この作品を観ると、ラファエロの色使いも伝統を踏襲していて、受難の赤や喪の黒、復活の緑などの色彩が色鮮やかに着彩されていることが分かります。モチーフや小物についても考察を続けましょう。洗礼者（バプテスマの）ヨハネは、聖書「マルコ１：６」などに「らくだの毛衣を着、腰に皮の帯をしめ」とあることから、伝統的に野生児、蛮人の姿で描かれることが多く、画面に登場する幼児のヨハネが毛衣を着ているところは、とても微笑ましく含み笑いをしてしまいます。向かって左側の男性はペトロです。聖書「マタイ16：19」などにある鍵（天国の鍵）が、彼のトレードマークというかシンボルになっています。右側にはパウロが描かれています。聖書「エフェソ6：13―17」には、パウロは剣や盾を持ちという記述がありますが、伝統的には小男で禿げ上がった頭髪が表現されています。これは聖書「Ⅱコリント10：9」の「弱々しい人」という記述に由来しています。

背後の両脇に描かれたふたりの女性は、カタリナとルチアという聖人です。女性聖人の多くは才色兼備で生涯独身、その身をキリストと教会に捧げたと伝えられています。彼女たちはその美貌ゆえに王侯貴族から求婚されますが、もちろん彼女たちはそれを拒みます。そのため逆上した求婚者たちから迫害を受け、殉教してしまいます。カタリナは車輪によって拷問され殉教したために、車輪が彼女のシンボルになりました。ルチアは「サンタ・ルチア」という歌でも馴染みのある、ヴェネツィアやナポリ、ローマの守護聖人です。同じく独身を貫き火刑を受け、最後は剣で刺されてしまいます。この作品には描かれてはいませんが、火刑を受けても死ななかったという伝承から、灯がルチアのシンボルとなっています。母マリアはイコンとして肩に、異邦文化の影響を受けた「ステラ・マリス」、海の星が描かれることが多々ありますが、この作品でラファエロは多くの光の玉をマリアの黒衣に描き、その神聖さや優美さを強調しています。

幼児イエスの肩と左手に握っている小物をご覧ください。肩には冠が描かれています。文字通り王家の紋であり、キリストは「救い主」であり「王の王」であることの象徴であることが表現されています。左手に握っているのは衣装の一部のようにも見えますが、よく観ると小鳥であるようにも見えます。これは聖書「トマスによる福音書」などの外伝や偽伝に、少年イエスが泥で小鳥をつくったところ生きた鳥となって飛んで行ったという逸話があり、それを描いたものだと思われます。宗教画家には比較的好まれたテーマでした。

ルネサンスは遠近法を完成させたり、古典的な宗教観をテーマにして作品制作が行われたりしたことで、美術に革新をもたらしました。人間性が前面に押し出された表現が開花する一方で、いままで見てきたように、神性を表す表現は徐々に衰退して行きます。ラファエロは、一六世紀の風景や当時流通していた織物などを見事に描いていますが、よく観ると幼児イエスの光輪は輪郭しか描いていません。これも時代の流れ、必然だったのかもしれません。続いてもうひとつ、ラファエロの作品を鑑賞しましょう。［図30］は『モンドの磔刑図』という十字架に架けられるキリストが主題の作品です。

7-3
『モンドの磔刑図』

ロンドンのナショナル・ギャラリー（国立美術館）は、ロンドンの中心部、ウエストミンスターのトラファルガー広場に位置しています。建物もヘレニズムやゴシック、ルネサンスなどの様式を意図してデザインされています。パリのルーブル美術館やオランダのアムステルダム国立美術館、ベルギーのアントワープ王立美術館などのように王侯貴族のコレクションを基盤にした美術館であると思われがちですが、このナショナル・ギャラリーは一八二四年に政府が主導して創立し、そして一般公開された美術館です。イギリスと言えば大英博物館が有名ですが、ナショナル・ギャラリーも作品数でこそルーブル美術館やメトロポリタン美術館、ウフィツィ美術館にはおよばないものの、ルネサンスのキリスト教美術から二〇世紀の芸術家の名品が多数収蔵されて展示されています。

では『モンドの磔刑図』を観て行きましょう。ここでもラファエロは構図の安定性を担保するために、8の字で人物を配置しています。登場人物は磔刑に処せられたキリスト。そのキリストの聖なる血を受けるふたりの天使。そしてその下には向かって左側に、わたしたち鑑賞者を見ているような眼差しの母マリア。その横で跪いているのは古代教会で四大教会博士のひとりと称され、聖書をラテン語に訳したとされる聖ヒエロニムス。その右側で跪いて十字架のイエスを見上げているのはマグダラのマリア。正面右側で立ってわたしたち鑑賞者を見ているのは弟子のヨハネです。8の字を描くように配置されています。こう書くと、「8のなかに全員が収まってないじゃないか」と訝しがる人もいるかもしれませんが、ルネサンスの時代は慣習や決まりごとがより多かった中世の頃と比べると、絵画作品は鑑賞効果を考えて、ある程度は画家のアレンジに任される部分が大きかったのです。その点はご承知おきください。そうでなければ、美術は何年、何百年、何千年と経っても、画面に何の変化もない、なんともつまらない作品ばかりになってしまいます。

描かれた登場人物は天使も入れて合計七人。聖書「ヨハネ19：30」にあるように、「成し遂げられた」と十字架のうえでイエスが言われ、「神による人類救済」が完了したことを表しています。空には神の被造物である、太陽と月が哀悼の意を表すように雲間から顔を出しています。イエスの頭上には「ＩＮＲＩ」と描かれていますが、これはラテン語の頭文字を表していて、左から「イエス（Ｉ）」「ナザレ（Ｎ）」「統治者・王（Ｒ）」、そして「イスラエル（Ｉ）」を意味しています。聖書に記述はないものの、描かれている天使は聖杯を手にして、イエスの貴い血潮をこぼさないように受けています。

色彩も伝統的なもので、母マリアは苦難の赤に喪の黒の衣装をまとい、マグダラのマリアは信仰の青に苦難の赤（ピンク）、ヨハネは苦難の赤に復活の緑を着ています。聖ヒエロニムスは博士と称されるほどの賢者で、カトリック、東方教会、ルーテル教会、イギリス国教会などで聖者として叙勲されるほどの学者です。各地を放浪して砂漠で修行し、生涯を一修道士として貫いたことから謙虚な人であったとされています。そのため自分は取るにたらない、つまりは「無」であるという意味の灰色を纏っています。その一方で、癇癪もちですぐに憤り、人に対して罵詈雑言を吐くようなこともあったようです。そんな自分を諌めるためだと思いますが、右手には石を持ち、それで自分の体を打ち付けて悔い改めたという伝承も残っています。そして聖ヒエロニムスが描かれていることからも、この作品は聖ヒエロニムスが守護聖者として祀られている教会のために描かれたものであることが伺い知れます。このように美しく、完璧に近い聖母画を完成させたラファエロですが、三七歳で夭逝してしまいます。彼が長生きしていたら、この作品以降どのような仕上がりの作品が描き残されていたでしょうか。想像を逞しくしてしまいます。

7－4 ヴェネツィア派の画家

ルネサンスというと、フィレンツェや芸術家最大のパトロンだったカトリック教会の本尊ヴァチカンのあるローマが、真っ先に思い浮かぶ都市の名前ですが、ジョットの壁画が残るパドヴァや、焦げ茶色で有名なシエナ、ダ・ヴィンチの最後の晩餐があるミラノなどのイタリアの各都市に芸術家が集まり、その栄華を競うように素晴らしい作品が次々に生み出されて行きました。ルネサンスとはそういう時代だったのです。

なかでも三大巨匠と同時代に、ジョヴァンニ・ベッリーニや、ラファエロと同じく夭逝の天才画家ジョルジョーネ、そしてその後輩にあたるティツィアーノやヴェロネーゼ、ティントレットなどの画家を輩出したのが、水の都と謳われるヴェネツィアでした。ここではそのなかの、ベッリーニとティツィアーノの作品を観ていくことにします。

7-5 ジョヴァンニ・ベッリーニ

［図31］はベッリーニの『牧場の聖母』です。この作品には同時代のダ・ヴィンチやラファエロに通じるところが見え隠れしています。まずはその構図から観て行きましょう。安定感のある三角形のなかに、マリアとイエスを配置しています。赤子のイエスは母の膝のうえで、すやすやと気持ちよさそうに寝ています。背景の風景はヴェネツィアの郊外でしょうか。それともさらに北方のアルプスに連なる牧草地のあるどこかでしょうか。聖母の左側後方、鑑賞者からは向かって右側後方には、修道士らしき人物が家畜を放牧しているのか、あるいは農作業をしている様子が、白い姿で描かれています。また向かって正面左側には、同じく家畜の世話をしているような人物が、柵に寄りかかってポヤンとうたた寝をしている姿も描かれていて、ここがのどかな牧草地であるというような印象が伝わってきます。背後の大きな建物が修道院だとすると、眠っているのは修道院に仕える小作人か、あるいは地方豪族のお城だとすると農奴といったところでしょうか。うたた寝をしている人物の手前には、白い鳥が描かれています。頭のかたちからすると、白鳥ではなさそうです。キリスト教絵画によく描かれる、ペリカンのように見えます。雄のペリカンは気性が荒く、雛を殺してしまうと言われていますが、母鳥は自分の血を子に与えてその命を救うという伝承があります。自分の夫、婚約者以外の子供を妊娠すると、死罪になるという旧約聖書の律法「申命記22：23―24」を恐れず、イエスを生む決心をしたマリアの愛を象徴している

ようです。画面左側で木の上に留まっている鳥は、第2章で解説した黒い鳥のことでしょうか。

ベッリーニは、マリアを受難の赤、天にいる神を思う信仰の青、穢れなき白などの伝統的な色味で着彩しています。その一方で、ラファエロでさえ微かに描いていた光輪が、いっさい描かれていません。作品タイトルを見なければ、どこかの地方で暮らす母子を描いた作品だと思われたとしても、そのまま納得してしまいます。このように聖画から神性が取り払われて、人間描写が前面に押し出されて行った時代が、ルネサンスであったのです。

7-6

ティツィアーノ・ヴェチェッリオ

ベッリーニは画家として優秀であっただけでなく、作品制作のための工房をヴェネツィアに構えて、ジョルジョーネやティツィアーノらの弟子を育てました。ジョルジョーネは三〇代半ばで夭逝してしまいますが、ベッリーニの工房を手伝ったもうひとり弟子、ティツィアーノに、その画風は受け継がれて行きます。ジョルジョーネの代表作に『眠れるヴィーナス』という作品がありますが、ジョルジョーネは背景をまったくの自然風景として描き、その手前でヴィーナスが眠っているという表現方法を取っているのに対して、ティツィアーノは室内で、横たわるヴィーナスがこちらを向いてはっきりと目を見開いているという表現方法を取っています。これは『ウルビーノのヴィーナス』という作品です。これほど大きな違いがあるのですが、ヴィーナスのポーズや色合いは「盗作」と言ってもよいほど、とてもよく似ています。しかしこの時代は、盗作という概念はまだなく、他の画家の作風や構図、テーマを借りて描くことは日常的によくあることでした。

7-7

『聖母被昇天』のマリア

［図32］は、ヴェネツィアのサン・マルコ広場にあるサン・マルコ教会に次いで二番目に高い尖塔をもつ、サンタ・マリア・グロリオーザ・デイ・フラーリ聖堂に設置された祭壇画です。このカトリックの聖堂は赤黄色のレンガでつくられ、バシリカ様式[1]で建てられています。ヴェネツィアは古い建物が所狭しと立ち並ぶ街並みが特徴的です。ただ教会の周辺には広い空間が残っていて、ヴェネツィアを散歩していると、それがすぐに教会だと分かります。教会の内部に入ると、ゴシック建築の高い天井をもつ礼拝堂の空間の正面に、この祭壇画が設置されています。礼拝堂の会衆席はほの暗く、正面にはステンドグラスをはめ込んだ窓が四層になって配置されて、神の光を演出しています。その礼拝堂の中央に霊的空間と言うか、礼拝の荘厳さを演出するためにこのティッツァーノの、木製の板に油彩と金で描かれた『聖母被昇天』が待ち構えているのです。マリアが死してすぐにイエスが迎えに来て、天に昇って行ったとされる伝説を表した作品です。聖書にそのような記述はありませんが、聖母マリアへの信仰の強かったカトリック教会で

生まれた、民間信仰が描かれているのではないかと考えられます。

構図は全体として、ラファエロの8の字型を用いて描かれているのではないかと思います。三段構成になっていて、一番上の段は「天」であり、白髭の男性は父なる神のようにも見えます。また権威に満ちたイエス・キリストのようにも見える存在が、ふたりの天使とともに、マリアを待ちわびている神の世界が描かれているようです。真ん中の段は、「空中」として、聖者や救われたものたちが天に昇って行く中間点です。天使が大勢いるのが目につきます。マリアはその中間点に属するのではなく、神の世界へ昇って行こうとしているようです。イエス・キリスト、神の母であるマリアは、この中間の世界に留まるわけにはいきません。一番下は言うまでもなく「地上」の世界です。ここは人間界で、俗世でマリアを信仰するものたちが一堂に介し、マリアの昇天を見上げて、褒め称えるかのように手を挙げています。

マリアは受難の赤や信仰の青を着ています。またそのほかの人物も復活の緑や喪の黒、謙虚の茶など伝統的な色の服を着ています。マリアを取り囲む光は神性を表す金色で描かれることで、神の母、つまりは神格化されたマリアを強調しています。しかし対照的にマリアの顔はもはや神の母ではなく、イタリアの美しい女性と化してしまっています。このように、キリスト教絵画はルネサンスの隆盛と衰退を経て神性を失い、人間表現主体の近代美術へと進んで行くことになるのです。

（１）縦に細長い長方形の集会場であった古代ローマの建物が、ローマ帝国がキリスト教化されてからは、キリスト教の聖堂である礼拝堂として使用されるようになり、代表的な建築様式となった。その後もロマネスク建築やゴシック建築にも取り入れて行った。

第8章
北方ルネサンスの時代

8-1
独自の立ち位置をとる北方のルネサンス

イタリアのフィレンツェからはじまり、その後イタリア全土へと展開していったルネサンスに対して、神聖ローマ帝国やフランドル地方の当時の国々にも、美術史的に考えると同時代に、とてもユニークな立ち位置をとる美術状況がありました。それらを称して「北方ルネサンス」と表現しています。現在のドイツやオーストリア、ベルギーやオランダなどの国のことです。

古くはローマ帝国に屈しなかったゲルマニアにはじまり、西ローマ帝国が滅んだあとの五世紀、西ヨーロッパのほぼ全域を支配したゲルマン系のフランク王国、そしてその流れをくむ神聖ローマ帝国は、独特の文化や芸術を生み出しました。中世後半になると、ゴシック様式の建築を生み出し、ルネサンスの時代になると神聖ローマ帝国で発明され開発された油絵具を駆使して、聖画のうえで卓越した写実描写が見られるようになります。一五一七年にはじまった宗教改革後になると、イコノクラスム（偶像破壊運動）が起こり、聖画聖像が破壊されるようになります。そうしたことも手伝って、オランダでは絵画のテーマが風景画や肖像画へ、そして一般民衆の暮らしを描いた風俗画へと転化して行きました。

また一八世紀半ば頃から美術の中心が、イタリアからフランスのパリへと移り、一九世紀末から二〇世紀初頭にかけて、「後期印象派」の絵画が主流となる頃、北ヨーロッパの地では「青騎士」や「象徴派」、「表現主義」や「写実主義」、そして「バウハウス」といった独創的な芸術が次々と生み出されるようになります。そののちに今度は美術の中心地がアメリカへと移ると、「ニューヨーク・スクール」と呼ばれる「抽象表現主義」や、「ポップ・アート」が全盛期となった二〇世紀半ば、ドイツではヨーゼフ・ボイスなどによる「コンセプチュアル・アート」という独自の芸術活動が展開されました。

8-2
宗教改革のうねりと画家たち

ルネサンス期のキリスト教美術に話を戻します。イタリアから見て北方にある、神聖ローマ帝国やフランドル（スペインの支配から独立したオランダと、そのオランダから独立したベルギーとを合わせた国）の地では、序章で紹介したロベルト・カンピンや『ヘントの祭壇画』で有名なファン・エイク兄弟、デューラーやクラナッハ父子、ブリューゲル父子やグリューネヴァルト、そしてヒエロニムス・ボスら数多く巨匠を輩出しています。しかしながら、そうした画家すべてが名声を博し成功したかというと、そうでもありません。宗教改革という歴史的な大事件によって、その運命が翻弄された画家も少なからずいました。デューラーやクラナッハ父子は、宗教改革者のマルティン・ルターと交友がありました。彼らが当時の時勢にのって成功する一方、グリューネヴァルトやヒエロニムス・ボスなどは、新しく誕生したプロテスタント教会から冷遇されて、一時は美術史のなかに埋没してしまいます。

本章ではロベルト・カンピンをはじめ、宗教改革という時代の大きなうねりのなかで、上手に立ちまわることができたデューラーやクラナッハと、そのうねりに巻き込まれてしまったグリューネヴァルトなどの、四人の作品を観て行きたいと思います。

8-3　北方のカンピン

ロベルト・カンピン（一三八〇―一四四四）は、第四章で言及したマザッチオとほぼ同年代の画家と考えられます。その意味でも、北方ルネサンス初期の巨匠であると考えられます。とても早い時期から油絵具を取り入れて絵画制作をはじめたことで、画面に遠近法を用いて細密な描写を可能にすることができました。また教会教理を反映した聖書の解釈でも、その後の画家にも少なからず影響を与えました。

［図33］はロベルト・カンピンが描いた『受胎告知』です。序章で触れた、メトロポリタン美術館別館クロイスターズ美術館に収蔵されている『受胎告知』と同じ主題を描いた作品です。クロイスターズ美術館の『受胎告知』よりも、制作年が数年、早くなっています。共通する小物や表現方法もいくつか散見されます。

まず画面右側のマリアですが、ここでも敬虔さの証しであり信仰の象徴である聖書を読んでいます。そして天に存在する神を思う、信仰の青を着ています。その描かれた聖書は、汚れのない純潔の象徴である白の布で覆われています。マリアの頭上にあるキャビネットには、聖書らしき書物が数冊、無造作に納められています。左側の天使ガブリエルは受難の赤を着ていて、子を失うマリアの苦しみと、その子イエスの苦しみでもある十字架が暗示されています。マリアの後方の長椅子に置かれている、赤いクッションも受難を示しています。その一方で、天使ガブリエルがまとっているマントの裏地に垣間見える緑、そしてマリアがもたれ掛かっているクッションの緑、マリアの青い衣装の内側に垣間見える緑は、すべてイエスの復活を表しています。マリアの手前にある花瓶に差してある植物の茎は、百合でしょうか。見切れていて、何の花なのかはよくわかりません。ただ百合であるとすれば、マリアは純潔であるという意味をもち、イエスの復活を意味する花にもなります。

また長椅子に横たわるマリアがいる場所は、ベルギーのどこかのゴシック様式で建てられた教会の一角でしょうか。マリアの頭上にあるステンドグラスの模様には、アブラハムと思われる人物が刀を振りかざし、子のイサクを殺して神に捧げようとする場面や、恐らくダビデ王と跪く兵士の姿なども見られます。想像するに、このステンドグラスには、アブラハムからキリストまでの系図（聖書「マタイ１：１─17」）が描かれていて、マリアが救い主を産む正当性が表現されているものと考えられます。

左上の角には、創造の神が神の権威の象徴である杖を片手に、数人の天使を引き連れて、マリアに向かって三本指で「パントクラトール」の祝福をしています。一般的には、神から降りて来る聖霊は白い鳩のかたちを借りて描かれることが多いのですが、この作品では、神から発している数本の光の線うちの一本がマリアにまで届いています。マリアが懐妊していることを表現しているのでしょう。その光を受けるマリアに光輪が描かれるのではなく、自ら聖なる光を発している姿が描かれています。

そして、フラ・アンジェリコやボッティチェリの描いた『受胎告知』と同様に、カンピンもまたマリアを教会の建物の内部に配置しています。マリアの聖なる空間が、天使ガブリエルが跪いている空間とは区別されています。天使は外、つまり自然界に属する存在として描いているのです。天使の羽根は鷹か鳶か、大型の鳥の羽根を模して描かれているように見えます。このイタリアから一五〇〇キロほど遠く離れたフランドルの地でも、カトリック教会のマリア信仰が表現されていると思うと感慨深いものがあります。カンピンについてはまたあらためて触れるとして、続いて北方ルネサンスの巨匠のひとり、アルブレヒト・デューラーを取り上げたいと思います。

8-4
デューラーとルター

アルブレヒト・デューラー（一四七一―一五二八）は、北方ルネサンスの巨匠のひとりと言われています。宗教改革という激動の時代を生きた、神聖ローマ帝国時代の画家です。一五一七年にはじまった宗教改革は、キリスト教史上最大の出来事のひとつですが、それは宗教美術にとっては受難のはじまりだったのです。宗教改革を主導したルターの、賛同者であったカールシュタッドや後続の改革者たちは、意図的であったかどうかは分かりませんが、聖画像は偶像だとして破壊運動を展開しました。そのため当時の神聖ローマ帝国では、多くの画家が国外へ逃亡したり、廃業に追い込まれたりしました。昨今のアフガニスタンや中東のイスラム教過激派が文化遺産を破壊してしまったことに心が痛みますが、キリスト教史でも過去には、貴重な絵画や彫刻が破壊されてしまったという事実があったことを忘れてはなりません。

ではなぜ、そうした時代を生きたデューラーが大成することができたのでしょうか。それはルターの宗教改革をデューラーが支持していたからです。一四五〇年代にグーテンベルグが発明した活版印刷機により、聖書が大量に印刷されてヨーロッパ全土に普及します。それによって聖書に関連する書籍やその他の印刷物の出版も盛んになります。若い頃からデューラーは、卓越した木版画制作の技術を習得していました。一四九八年に出版された聖書「ヨハネの黙示録」の木版画集は、デューラーの名声を高めることになりました。できあがった木版画集が神聖ローマ帝国を中心に広まり、脚光を浴びることになったのです。デューラーの名は皇帝マクシミリアン一世や時の権力者にも届き、デューラーは彼らの肖像画を手掛けるようになります。政治的な理由から、当時の権力者はカトリックと一線を画し、宗教改革が起こるとルターを擁護するようになります。ニュルンベルク市が宗教改革を支持すると、当時市議でもあったデューラーもプロテスタントの支持を表明することで、画家としての立場が守られたと言うわけです。そうした経緯をもつデューラーの描いた『聖三位一体の礼拝』〔図34〕を続けて観てみましょう。

デューラーはその生涯のなかで二度ほどイタリアへ行き、大きな影響を受けて帰ってきました。この「三位一体」をテーマにした作品にも、そのとき見たイタリア絵画の影響が見られます。赤、青、緑など伝統的な色彩のみならず、盛期ルネッサンスの明るい色調で描かれた『聖三位一体の礼拝』は、これまで彼が描いていたような、重い色調とリアリズムから変化が見られます。構図についても、上段から「神の空間」、「聖書の人物や聖者の空間」、「教皇、枢機卿、宗教関係者（正面左）、神聖ローマ帝国皇帝、有力貴族（正面右）」、そしてその奥に「一般人を配した現世空間」といったように、三つに区分されています。遠近法にはそれほどとらわれずに、天上の神聖な空間を画面のほぼ中央に配置し、手前の人物から後方へ行くにしたがって、徐々に高い位置に人物を描きながら表現しています。この作品は見るものの目線を意識した、デューラーの創意工夫だと考えられます。そして最上段中央に描かれた「聖霊の鳩」を頂点に、左右で十字架を支えるようにふたりの天使が描かれ、父である神と子であるイエスが収められています。この菱形の構図や、また受難の象徴物を掲げて取り囲むように表現されている左右の天使の群れなどは、後方へと遥かにつながる奥行きをつくりだしている構図と相まって、デューラーがより三位一体としての神を強調しているように思います。

左側の中段に描かれている聖者群のなかでは、青の衣装を身に付けて、大きく描かれているのが母マリアです。後方には車輪を手に持ったカタリナと、羊がシンボルのアグネス、そして籠を持ったドロテアも見て取れます。右側は毛衣を着た洗礼者ヨハネ（あるいは聖書の翻訳者であるヒエロニムスにも見える）、その横に小琴を持つダビデ王、そして十戒の板を持つモーセなどの、旧約聖書に出てくる人物が配置されています。着目すべきは、下段右側に描かれている神聖ローマ帝国皇帝と、父なる神が同じ顔のように描かれている点です。そのことでデューラーが、あたかも皇帝の権威を称賛して表現したのではないかとも考えられます。一五一一年といえば宗教改革の六年前のことですが、北方のキリスト教会では、すでに教皇よりも世俗の皇帝の方が権威があったことを裏付けているかのようです。しかしながらこの作品の最大の特徴は、十字架に架けられた子なるキリストが主題として描かれている点にあります。「全てのキリスト教芸術は十字架と復活を指し示す」という神学の現れです。この作品に描かれている神の威厳ある顔の表情からは読み取れませんが、子の磔刑に沈黙を通した、父としての苦悩はいかばかりだったことでしょう。

またデューラーは画面右下に自分自身を描いています。そして「ニュルンベルクのアルブレヒト・デューラー　聖誕年一五一一年に　これを制作す（著者意訳）」とラテン語で記された、プレートのようなものを示しています。デューラーは自分の名を碑文のようなものに描き入れた作品を数点制作していますが、このような大作のなかにメッセージとも考えられる言葉といっしょに自分自身を描いたのは、デューラーの自負心の表れなのか、あるいは信仰の証しなのか、とても興味深いところです。

イタリアへ留学した経験があるデューラーは、多くのイタリア人画家の巨匠から影響を受けたと考えられています。この作品にも第四章で取り上げた、マザッチオの影響が見られます。［図19］の『聖三位一体』と比較してください。マザッチオが鳩の姿をした聖霊を父子のあいだに描いているのに対して、デューラーの描く白い鳩は父子の頭上に描かれています。そうした表現方法は異なっていますが、父なる神が両手を広げて、十字架に架けられているイエスを支えている点はとても似ています。マザッチオの『聖三位一体』では登場人物が七人なのに対して、デューラーの『聖三位一体』では地上の聖人たちや救われた人々が群れをなして多数描かれています。そしてそれらの人々もみな、伝統的な色を身にまとっています。こうした表現からも、宗教改革前にもかかわらず、神の神性というものが、もうすでに失われてしまっているように見えると考えるのは著者だけでしょうか。

8-5 父のほうのルーカス・クラナッハ

一四七二年に生まれ一五五三年に没したルーカス・クラナッハ（父）も、デューラーと同様にルターと懇意になり、宗教改革後の聖像破壊運動を生き延びた画家のひとりです。クラナッハ（父）は、ルターの肖像を一度ならず何度も描いています。マルティン・ルターといえば、「ああ、あの顔の」と思い出す肖像は、クラナッハ（父）が描いたものです。クラナッハ（父）が描くものは、もはや聖画と言うよりよりも、画面に登場する人物の物語性に着目して描かれた作品と言ったほうが、よいかも知れません。ここでも物語に登場する人物に光輪は描かれていません。むしろ聖書の物語や主題の表現に力点をおいているように見えます。画面に描かれているのは、あくまでも登場人物が織りなす物語と表現するのが適切ではないかと思います。

［図35］は『アダムとエバ』と題された作品です。一五二六年に制作されました。この作品に表現されている場面は、聖書「創世記」に記されている「初めの世界」と「人間の創造」です。アダムとエバが神に創造された存在であるにもかかわらず、神を裏切る堕罪を犯して楽園を追放

されるという、とてもよく知られたふたりの登場人物が描かれています。クラナッハ（父）は、この主題を好んでいたようで、何枚も繰り返し描いています。

この『アダムとエバ』には、当時の神聖ローマ帝国の、寒冷な地域の特徴が表現されています。また教会の伝統的な女性解釈、つまりは根底に男尊女卑の価値観が横たわる、ジェンダーに関する問題意識も表現されています。聖書「創世記１章、２章」には神が天地を創造した経緯や、人間の男女を創造したことが記されています。また「エデンの園」と呼ばれる楽園の真ん中には、「善悪の知識の木」が据えられていることも記されています（「創世記２：16―17」）。しかし、その木がリンゴの木であるとは、どこにも記されていません。イスラエルの南側は、岩や石が剥き出す荒地が広がっています。北側は牧草地や農耕地が広がり、作物を育てることができます。しかし、リンゴが収穫できるほど、寒冷な地域ではありません。収穫量が多いのはデーツやイチジク、葡萄などです。クラナッハ（父）は『アダムとエバ』で、この「知識の木」に生る実を、ドイツや北方の寒い地域でよく木に生っているリンゴの実に変えて描きました。聖書の舞台となっている地域の地理的な環境をよく知らない人が、変換されて描かれているという認識がないまま、この『アダムとエバ』を観て禁断の実はリンゴだと理解してしまっているのではないかと著者は危惧しています。

画面やや上部中央に、木の上から降りてくる蛇が描かれていることに着目してください。聖書「創世記３章」では、エバを巧みに騙した蛇が、その罰として生涯ずっと呪われたまま地を這いまわると神から言われたと記されています（「創世記3：14―15」）。つまりそれ以前は、蛇は地を這いまわっていなかったのです。

次に画面左側のアダムの表情と、画面右側のエバの表情とを見比べてください。エバは美しい女性として描かれていますが、どこかあざとく、ずる賢い性格のように描かれています。まるで男性をたぶらかし騙すために、この世に生まれて来たかのような印象さえ与えています。一方のアダムはと言うと、良く言うと素直な、悪く言うとナイーブで、やや間抜けな表情で描かれています。左手で髪の毛を掻いているところなども、そのような印象を強く与えます。つまり男性は無垢で潔白、ずる賢い女性に騙されていると、クラナッハ（父）は表現しているのです。しかし聖書「創世記3章」を読むと、エバはけっしてずる賢いわけではなく、むしろ純粋で素直なために蛇の詐欺にあってしまうことが分かります。教会は何世紀にもわたり、女性から堕罪がはじまった、だから女性は男性よりも下に位置する存在である。また男性の肋骨からつくられた（「創世記2：21―25」）のだから、女性は男性に従属しなければならないという主張を続けていました。

また『アダムとエバ』には、肉食獣のなかで百獣の王と称されるライオンや、鹿、猪、羊など、本来なら同じ場所には、いっしょにいられないはずの動物が同居して描かれています。これは楽園ではすべての動物が強いものも弱いものも関係なく、ともに生きるという理想（「イザヤ65：25」）が表現されているのです。人間の身勝手で、自然が破壊され、絶滅する生き物が後を絶たない現代社会に対しても、クラナッハ（父）が一石を投じているかのようです。

いずれにしても、クラナッハ（父）が描いているのは、聖書の物語であって聖画ではありません。宗教改革以後のプロテスタントは聖画聖像を偶像礼拝として禁じ、多くの素晴らしい作品が破壊されてしまいました。とても残念なことです。

8-6

歴史に埋もれていたグリューネヴァルト

マティアス・グリューネヴァルトが描いた『イーゼンハイム祭壇画』［図36］という作品は、今日では世界的にも有名な作品として注目を集めるようになりましたが、この作品は何世紀にもわたり、一九世紀初頭まで日の目を見ることなく、忘れ去られていた存在でした。それはグリューネヴァルトが宗教改革者たちと上手に付き合うことができなかったことが、原因だったと考えられます。ルターの宗教改革以降、宗教界だけでなく一般社会にも、その改革の余波が波及しました。生活苦に喘いでいた農民たちは、地主である地方の豪族や王侯貴族に対して、一揆を起こしました。しかし、ルターは自分を庇護してくれる神聖ローマ帝国諸侯、ザクセン候らの立場を擁護し、農民を見殺しにしてしまいます。一方、グリューネヴァルトは農民を擁護したために、宮廷画家という立場を失ってしまいます。王侯貴族や時代の寵児であったルターに対して楯突いたのも同然のグリューネヴァルトは、不遇な半生を送らなければならなかったのです。

再注目を集めて有名になった『イーゼンハイム祭壇画』には、その作品に相応しい逸話が残っています。グリューネヴァルトのこの作品は、当時ライ麦が原因とされる麦角菌中毒による病気を発症した人を収容していた、聖アントニウス修道院から注文を受けて制作されたものです。作品が完成し披露されると、そのあまりにリアルなキリストの身体に描かれた生々しい傷を見て、気絶する貴婦人が続出しました。たしかにこの作品は聖画というより、後世のドイツ美術に見られるような「写実主義」絵画のような仕上がりです。残酷なまでに鞭に打たれ、その傷やわき腹に刺さった槍の刺し傷から血が流れ出ている様子は現実味を帯びています。また血の気を失い死体のように茶色く変色したキリストの身体や、十字架に架けられた身体の重みでねじ曲がってしまった両腕なども、見るも無残な姿で描かれています。十字架の上には「ＩＮＲＩ」の、「ナザレのイエス、イスラエルの王」の頭文字が描かれています。画面中央には、穢れなき白を身にまとった母マリアが、悲しみのうちに神の憐れみを祈るために合掌しています。支えているのは弟子のヨハネです。受難の赤を着ています。

キリストの左側で、跪いて苦悶のうちに祈りを捧げている女性は「マグダラのマリア」です。マグダラのマリアを象徴する小物は香油を入れる小さな壺ですが、その壺も白く描かれていいます。これは聖書「ルカ７：36―50」に記された、「罪の女の赦し」の物語に由来するものです。そのマグダラのマリアが「罪の女」であるとは聖書のどこにも記されていませんが、聖書「ルカ

８：２」に「七つの悪霊を追い出していただいたマグダラの女と呼ばれるマリア」という記述があることから、泣きながら香油をイエスの足に注ぎかけ自分の長い髪でその香油を拭ったとされる女性が、マグダラのマリアと同一視されるようになりました。聖画のなかに描かれている女性が、被り物がない状態で金髪のロングヘアをさらけ出している姿や、受難の赤を着て香油壺を持っている姿の女性がいたら、それはまずマグダラのマリアであると考えて間違いありません。

グリューネヴァルトの描いたマグダラのマリアは、イエスに救われたためか頭から被り物を被っていますが、それでも長い髪の大半が剥き出しになっています。聖書「コリントの信徒への手紙一11：２―16」には、礼拝時における被り物の規定が記されています。本来は礼拝や祈禱のときには必ず守らなくていけない規定でしたが、いつのまにか「女性は常に被り物をしなければならない」という掟へと変わり、中世や近世のヨーロッパでは、それが慣習となってしまいました。キリスト教絵画では、剥き出しのロングヘアは「罪の女」「娼婦」として表現されることがあります。

余談になりますが、一七世紀オランダ、デルフトの画家ヨハネス・フェルメールの描いた作品のなかに、『真珠の耳飾りの少女』という作品があります。描かれている女性の頭には、被り物が描かれています。当時のオランダは、カトリックと改革派が教会教勢を争っていました。特に厳格な改革派の人たちは、女性にこの掟を二〇世紀前半頃まで強制していました。この伝統は宗教画に区分されない絵画作品にも見られ、例えばゴーギャンやゴッホの作品にも、被り物をした女性が描かれています。興味ある方はぜひ見つけ出してみてください。

さてイエスの左側、鑑賞者からは向かって右側には、「洗礼者ヨハネ」が描かれています。ヨハネはイエスが伝道を始めて群衆に人気が出はじめた頃に、ヘロデ王に捕まり処刑されてしまいます。そのためイエスが十字架刑に処せられる場面には立ち会えるはずないのですが、作品制作を依頼した教会の思惑なのでしょうか。それもありますが、ここにはグリューネヴァルトの神学的理解が表現されているのではないかと著者は考えます。洗礼者ヨハネはイエスを見て、「見よ、世の罪を取り除く神の小羊だ」と宣言しています（「ヨハネ1：29」）。「人間の罪の赦しのための生贄となる」。それこそがキリスト教の教理です。その証しとして、洗礼者ヨハネの足元には十字架を背負った小羊が描かれています。

向かって一番左側の縦に細長いパネルには、四世紀の「聖者セバスチャン」が描かれています。伝承では聖者セバスチャンはキリスト者として信仰に生き、矢で射抜かれても生き延び、最後は怒ったディオクレティアヌス帝が撲殺を命じ殉教したとされています。矢で射抜かれる以前にも、迫害を受け処刑されたにも拘わらず、生き延びたことから病人や怪我人の聖者となりました。矢で処刑されても死ななかったことから、おもしろいことに射手の聖者にもなっています。

右側のパネルには、修道院にその名を冠した「聖アントニウス」[1]が描かれています。エジプトの「聖アントニウス」（二五一—三五六）と呼ばれ、一〇五歳まで生きたとされる人物です。現代と異なり、平均寿命が短かった約一七〇〇年前には、とても信じがたいほどの長寿でした。伝承を読むかぎり、アントニウスは医者でもなく、また病人を癒したという記述も見つかりませんが、おもしろい逸話が残されています。彼の長い生涯のなかで、同輩のパウロと砂漠で隠遁生活をしていたときに、烏が、旧約聖書の預言者エリヤのようにパンを運んできてくれた（「列王記上17：5―7」）という伝説が記されています。中世の頃、パンを主食としていたヨーロッパの人々のなかに、麦角菌中毒を発症して苦しむ人がとても多く、その痛みは身体に火をつけられたときに感じるほどの痛みであったとされています。その麦角菌中毒の痛みとパンにまつわる逸話から、「聖アントニウスの火」というものが表現されるようになりました。そうしたこともあって、聖アントニウスは麦角菌中毒者や、皮膚がただれる症状が特徴のハンセン病などの、不治の病を治す聖者となったのです。単に修道院の守護聖者だからと言うよりは、聖セバスチャンも聖アントニウスも医学がまだ発達していなかった時代にあっては、祭壇画に描かれるほど、人々の心の拠り所とされていた存在であったと著者は考えます。

これまで見てきた、左右と真ん中の合わせた三枚のパネルに描かれたキリストの磔刑図に登場する人たちは、イエス・キリストも加えると合計七人になります。これまでの章ですでに記述してきましたが、七という数字は人類救済が「成し遂げられた」ことを意味しています。その三枚のパネルで構成された祭壇画の最下部、三枚のパネルを下支えする台となっている部分の表面には、十字架から降ろされたイエスの亡骸を悲しみ抱きかかえる弟子ヨハネと母マリア、そして金髪の髪を晒すマグダラのマリアが描かれています。これからイエスを墓に収めようとしている場面が表現されています。四という数字は、地、この世界を表す数です。イエス・キリストは、たしかに死んでこの地に埋葬されたと解釈するのは深読みのしすぎでしょうか。この台となっている表見の左側に描かれた墓は、現代の欧米でもいまも実施されている土葬にも通じているという印象を抱きます。聖書の時代、イスラエルでは岩場に横穴を掘って、そこで二、三年のあいだ仮埋葬をして肉体が朽ちて骨だけになったあとで、本葬として骨を集めて墓に埋葬していました。この作品にもグリューネヴァルトの生きた一五世紀の風習が描かれていたと考えると、とても興味深く感じます。

宗教改革によって破壊された作品や、行方が分からなくなってしまった芸術家のことに思いを馳せると、どれほど多くの素晴らしい作品や作家が葬り去られてしまったかと心が悼みます。この『イーゼンハイム祭壇画』が今日再び、口の目を見ることができて心からよかったと思わずにはいられません。

(1) Farmer, David Hugh, 1992, *The Oxford Dictionary of Saints*, "*Anthony of Egypt*," Oxford University Press, 25-26

第9章 マニエリスムの時代

9-1 マニエリスムとは何か

「マニエリスム」とは一六世紀にルネサンスからバロックへと移行するあいだの、ほんの短い期間に流行した美術様式を表す言葉です。ふたつの大きな美術様式の狭間に咲いた徒花だとして、あまり評価されることがありませんでした。ルネサンスの次にバロックをもってきて、マニエリスムの様式を取り上げない美術史学者もいるほどでした。しかし二〇世紀になり、その独特の表現方法が再評価されます。

「マニエリスム（Manierisomo）」の言葉の語源は、イタリア語の「マニエラ（Maniera）」という言葉から生じていて、技術やスタイル、モードなどの意味から派生した言葉とされています。

英語では「マニュアル（Manual）」がその単語に該当しますが、「マナーリズム（Mannerism）」となると、ときに「マンネリズム」とも訳されて、技術ばかりを強調したり、同じスタイルや同じモードを繰り返すといったマイナスのイメージをもつ言葉となってしまい、なおさら評価が低くなってしまったのだと推測できます。

盛期ルネサンスにも、レオナルド・ダ・ヴィンチの完璧な構図や表現方法、ミケランジェロの動的な表現によって生まれる画面構成のダイナミズム、そしてラファエロが画面のなかに安定感を生み出す8の字の構図のなかに構成要素のすべてを完結させる表現技術などの、いいとこ取りをする画家も数多く出現したことを考えれば、その意味では、同じパターンを踏襲して繰り返すといったような「マンネリズム」の潮流が、たしかにあったとも考えられます。また画面の登場人物や作品の画面全体が間延びしているかのように描くという表現も多く見られ、その間延びした曲線がマニエリスムのひとつの特徴となるほどでした。

9-2 ラファエロ以降の「聖母子画」

さっそく、マニエリスムの作品を観て行きましょう。［図37］はジョヴァンニ・アントニオ・ボルトラッフィオが描いた『聖母子と花瓶』です。ラファエロとほぼ同時代の画家が描いた作品です。マニエリスムの好例と言ってよい作品です。ラファエロ以後に描かれた「聖母子画」は、程度の差こそあれラファエロの影響を受けています。ひとつのパターンが、できあがってしまうほどでした。一九世紀のイギリスに登場した、「ラファエル前派」という若い芸術家集団は、「ラファエロ以降、絵画が廃ってしまった。ラファエロ以前の芸術に戻ろう」と提唱し、キリスト教の主題や古典、文学を絵画の主題として選び再び表現しようと試みました。このことからも、マニエリスムがいかに過小評価されていたかが分かります。

ボルトラッフィオの描く聖母子は、どことなくラファエロの「聖母子」のようでもあり、顔はダ・ヴィンチの「聖母子」ともよく似ています。しかし描かれた人物を子細に見ると、母マリアはどことなく優雅な印象を受けます。そしてかすれた線で、かすかに見える光輪も描かれていません。しかしラファエロほどの繊細さやバランスのよさをもって、顔が描かれているようには感じられません。子イエスのほうは光輪も描かれていません。わずかに光を発するのみで、白人の子、赤ちゃんという印象を受けます。単に人間の子のようであって、神の子として拝む対象としての風貌を、もちあわせているようには見えません。色彩についても、ラファエロやダ・ヴィンチほどの透明感や輝きは感じられず、ポーズや四肢、手の指の表現も、三大巨匠ほど傑出しているようには思えません。これらの絵画を構成する要素を鑑賞者が見てどのように評価するかは、もちろん個人の趣向であって自由です。ただ、あまりにも三大巨匠やヴェネツィア派の画家たちが描く色彩や表現技術の影響が大きすぎて、それを凌駕するほどの画家は輩出されてこなかったということが事実のようです。

9-3 パルミジャニーノの『聖母子』

もう一点、マニエリスムの特徴をよく表している作品を観てみましょう。［図38］はパルミジャニーノの『聖母子』という作品です。この作品に描かれている母マリアの首と、子イエスの身体に着目してください。見事にデフォルメされていて、首も胴体も引き延ばされ、さらには捻られたような姿で描かれています。見方によっては、首や身体が優美な線で表現されているとも考えられますが、イエスは赤子ではなく、三歳や四歳ほどの幼児に見受けられます。まさに、この点にマニエリスムが顕現していると考えられるのではないかと思える作品です。母マリアは純潔の白と、天にいる神を思う信仰の青を着ています。また左側後方のカーテンには赤が使われ、イエスの苦難、十字架が暗示されています。画面にはマリアとイエスに加え、天使であるか、あるいは召使いの五人の合計七人の登場人物が描かれています。これによってイエスによる神の人類救済の御業が完成したことが示めされていますが、画面に向かって右側下の後方には小さく描かれた男性がいます。この男性を加えると描かれた人物は合計八人となり、イエスの復活を暗示していると考えられます。後方の男性は巻物を開いて、なにやら宣告をしているようにも見えます。

この作品はイタリアのどこかの裕福な一家の母と子、そしてその兄弟姉妹を描いたものであると形容しても、あながち間違っていないと感じさせるほどの人物表現で描かれていますが、しかし、もうまったくと言ってよいほど、神聖さは表現されていません。盛期ルネサンス以降の絵画表現の主題は、人間表現や自然表現を重視した人物画や風景画、そして静物画へと移行して行くことになるのです。

9-4 マニエリスム最高峰の画家

エル・グレコは本名ドミニコス・テオトコプロスと言い、一五四一年にクレタ島で生まれ、一六一四年にスペインのトレドで没しました。マニエリスムの画家として位置付けられ、彼の革新性は時代を超えて、印象派から出発してキュビズムへと大きな影響を与えた画家セザンヌが描いたような、近代絵画を彷彿とさせる作風で知られる画家です。

マニエリスムが再評価されるきっかけとなったのは、グレコの絵画作品そのものの魅力や、その人間性から発せられる個性と密接に関係しているのではないかと思わせるほど、強烈な特徴があります。エル・グレコと言う名前は、彼がギリシア人であったために付けられたニックネームでした。ローマで絵画修行をしていたときに、ミケランジェロの作品に感化されたグレコは、

「自分はミケランジェロよりも上」だと豪語したという有名な逸話が残っています。

修行が終わるとグレコは、カトリック教会の熱心な支援国であったスペインへと旅経ちます。そこでおもに教会や貴族から発注される注文を受けて、次々に大作を制作しました。［図39］は『聖衣剥奪』という作品です。トレド大聖堂の祭壇画として現在も設置されています。イエスが十字架に架けられる直前の、衣服が剝ぎ取られる場面を描いています。イエスは受難の赤を全身にまとい、いま「人類救済」という父なる神の御業のために、その命を捧げようと、神のいる天を恍惚とした表情で見上げている様子が表現されています。すべてを神に委ね、昇華する魂で身も心も神に捧げ、十字架の殉教を待つイエスには、もう恐れや悲しみの感情はありません。手前には、純潔の白と天にいる神を思う信仰の青に身を包んだ母マリアと思われる婦人と、むき出しの髪からマグダラのマリアではないかと思われる女性が神性を表す黄金のショールを羽織っている姿で描かれています。またもうひとり、マリアの背後に描かれている女性はマルタの妹マリアか、あるいはトレドの教会にゆかりのある女性聖者でしょうか。イエスを取り囲むローマ兵やユダヤ人も、特にイエスの左側の男は復活の緑を身にまとい、イエスの少し後ろに立っている兵士には信仰の青を着せるなど、グレコは伝統的なキリスト教絵画の色彩を使って、『聖衣剥奪』を表現していることが分かります。

しかしイエスを含めた人々の頭には、光輪は描かれていません。縦に長いこの作品の構図のなかで、多少デフォルメされて描かれてはいますが、イエスが十字架に架けられるという福音書に記されたクライマックスを、よりドラマチックに表現しようとするグレコの意図が見事に表現されているように見受けられます。ミケランジェロの作品に見られるドラマチックな表現は、このようにグレコへと引き継がれ、さらにはバロックの画家たちへと継承されて行きます。

9-5 大原美術館のエル・グレコ

日本にも、エル・グレコの作品が収蔵されている美術館があります。それは岡山県の倉敷市にある大原美術館です。日本における美術館の草分け的な存在として知られています。収蔵作品は質、量ともに群を抜いています。美術館は倉敷市の美観地区にあり、周囲の建物や景観とともに文化財として大切に保存されています。［図40］は、そうした美術館に大切に保管されている至宝と言える作品です。グレコの作品のなかでも逸品中の逸品といえるこの『受胎告知』については、美術館を創設した大原孫三郎氏に、「よくぞこの作品を購入しました」と言って拍手喝采を送りたくなるほどです。

ボティチェリやフフ・アンジェリコ、カンピンらが描いた『受胎告知』と比べても、グレコの大胆な構図や色使い、そして表現力が際立つ仕上がりとなっています。マリアがスペイン人の少女のように描かれていますが、それは「マリアの無原罪」[1]を信奉するスペインのカトリックの教義を強調しているかのようです。マリアは伝統的な赤と青の衣装をまとい、神性を表す黄色の光輪で表現されています。そして画面中央には、聖霊の象徴である白い鳩も描かれています。マリアの純潔を示す百合と、天からは神の不思議な力を表す閃光のようなものが、マリアと天使ガブリエルのあいだに降り注いでいます。マリアの頭の上の光輪は、星が円形をかたちづくるように輝いています。しかしその上部では、いままさに暗雲が立ち込め、近い将来に必ず起こるイエスが十字架に架けられ死することや、その様子の一部始終を見なければならない母の悲しみや苦しみまでも暗示しているかのようです。

グレコはこの『受胎告知』を描くにあたり、油絵具を用いて作品制作を行いました。油絵具は時代とともに経年劣化して変色することがありますが、この作品でも油絵具が劣化して色彩が鈍化してしまっていると思われます。しかしそれでも画面で表されている、グレコの強烈な色彩表現や大胆な構図は健在です。メトロポリタン美術館が収蔵しているグレコの『トレド風景』という作品がありますが、この作品にも時代を先取りした革新性が表現されていると著者は考えています。修業時代にグレコが大口を叩いて主張したように、グレコはミケランジェロに勝るとも劣らぬ、天才だったのかも知れません。

（1）イエスは神の子でありマリアはその母だから、マリアに堕罪という罪は存在しないとする教義。

第10章　バロックの時代

10－1　作品の大型化

マルティン・ルターからはじまった宗教改革の炎は、その後ヨーロッパ全土へと飛び火し、次々にプロテスタント教会の諸教派が誕生して行きました。そのためカトリック教会は、徐々に勢力を失ってしまいます。しかしカトリック教会は、そのままなすがままに引き下がるようなことはしませんでした。内政改革を断行し失ってしまった教会教勢を回復するため、新大陸アメリカやアフリカ、そしてアジアへと進出し、世界宣教を推し進めて行きます。そうした一連の動きは、今日では「対抗宗教改革」と呼ばれるようになりました。この改革プロジェクトのひとつとして、カトリック教会の影響が色濃い国々では、美術作品による伝道活動が行われました。カトリック教会が率先して主導したために、数多くのキリスト教美術の作品が新たに生まれたのです。美術史上の区分では、この時代を「バロック」と表現しています。

カトリック教会は、芸術家たちに聖書の教えや教会の荘麗さを大胆に描くことを奨励しました。この時代に　スペインではエル・グレコが、イタリアではカラヴァッジオが、そしてベルギーではルーベンスが、キリスト教絵画の傑作を残しています。この時代に特徴的なのは、作品制作において、木枠の表面に布を貼り付けたキャンバスのうえに油絵具で描くという、作品制作のスタイルが生じたことです。そしてその利便性を活かして、しだいに作品が大型化して行きました。これは現地のイタリア人観光ガイドから聞いたことですが、ヴェネツィア派からバロックにかけて大型の絵画が盛んに描かれた理由のひとつは、描かれた作品の壮大さを競って演出するためであったそうです。そしてもうひとつ、とても実利的な理由もあったと言うのです。暖房効果を高めるということです。ヨーロッパの大きな教会や石づくりの城、そして公共の施設などでは冬はとても冷え込み、暖房があったとしてもなかなか暖まりません。そのため大きな絵画やタペストリーによって暖かい空気を囲い込むという、断熱用の器具として利用されていたというのです。そう思うとメトロポリタン美術館本館にある、ルーベンスや弟子のファン・ダイクの作品、ヴェネツィアのアカデミア美術館やパリのルーブル美術館に展示されているヴェロネーゼやティッツァーノの作品、そして時代はやや下りますが、新古典主義の画家ダビッドの作品が、やたらと大きいことにも合点がいきます。キリスト教信者たちは、その大型化された作品の壮麗さや雄大さに、神の栄光や教会の繁栄を見ていたのです。ただそれらの作品が、はたして神性をどのように重んじていたのか。あるいは人間性を最大限に表現し、ドラマチックな物語に仕立てられているのか、といったことについては正直判断しがたい部分もあります。引き続き画家の描いた作品を詳細に観て行きましょう。

10-2 パトロンの変化

「バロック」とはポルトガル語の「barroco」のことで、「歪んだ真珠」という意味をもつ言葉です。この時代の美術作品は、マニエリスムをさらに装飾的にして、ダイナミックな表現が強調されました。そして人物や小物もデフォルメして表現したことから、そうしたニックネームのように呼ばれるようになり、それがひとつの時代の総称となったのです。美術史において、今日では当たり前に受け入れられている、時代を総称する言葉をあらためて考察してみると、はじめは「あだ名」「蔑んだ呼称」として付けられた皮肉交じりの言葉が、しだいに定着してしまったということが、この「バロック」以外にも往々にしてありました。ひとつの時代が終わり新しい時代がはじまるというときには、膨大なエネルギーが必要とされます。これは新たに生まれる時代が創造されて行くときの、ひとつの摂理的な事象なのかも知れません。

そしてもうひとつ、異なる要因もありました。それは芸術家を支えるパトロンが変化したということです。中世の頃には、絶対的な権力をもっていた教会がその力を失う一方で、諸国の王侯貴族や富裕な商人などの、一般人が絵画や彫刻など作品を購入するようになります。当然、王侯貴族は己が満足する優美な作品や、ときにはエロティックな作品を求めました。また商人たちは自らの繁栄を誇るようなグループや個人の肖像画、そして風景画などへと興味が移り変わって行きます。カトリック教会はバロック時代に勢力挽回を図るため、大々的に聖画を発注し、それを宣教活動に利用しました。しかしそれ以降、教会からの発注は激減して行きます。新しく既述の人々がパトロンになると、聖書の主題は芸術家個人の趣味や嗜好によって選ばれるようになり、絵画や彫刻のひとつのジャンルになりました。こうしてバロック時代以降は、教会が多くの芸術家のパトロンになることはありませんでした。

10-3 サン・ルイジ・デイ・フランチェージ教会のカラヴァッジオ

さてバロックの巨匠と言えば、カラヴァッジオやルーベンス、ベラスケスなどがよく知られています。メトロポリタン美術館本館に収蔵されている作品は、教会以外のパトロンによって発注された、世俗的な作品ばかりです。本来的な意味での、キリスト教絵画ではないと思ったほうが賢明です。今回もまたローマとボストン、そしてアントワープをぐるりとめぐって、作品を解説したいと思います。

まず、はじめにサン・ルイジ・デイ・フランチェージ教会に設置されているカラヴァッジオの作品から観て行こうと思います。サン・ルイジ・デイ・フランチェージ教会は、ローマ市街地のにぎやかな場所にあります。周辺にはパンテオンやナヴォーナ広場、大小様々な教会があり、観光にはとても適した場所だと思います。ひとつだけ注意しなければならないのは、教会という場所は祈りを捧げたい人のためにいつでも開いているはずの場所ですが、例外的に一二時から一五時までの三時間は、「シエスタ」というランチ・ブレイクがあるために閉じられているということです。著者はせっかくサン・ルイジ・デイ・フランチェージ教会に到着したのに、シエスタの最中であったため出直さなくてはならなかった苦い経験があります。正面から見ると、この教会は古い石づくりの重厚な建物であることが分かります。内部に入ると、フランス王ルイ九世に捧げられた建造物だからでしょうか、柱の装飾は金色で彩られ、壁は数多くの芸術家の絵画作品で埋められています。竣工は一五八九年とのことですが、教会内部はバロック時代の絢爛豪華な礼拝堂となっています。この礼拝堂の壁に飾られている作品のひとつが、カラヴァッジオの『マタイの召命』〔図41〕です。

日本ではあまり馴染みのないカラヴァッジオの正式名称は、「ミケランジェロ・メリージ・ダ・カラヴァッジオ」です。欧米では人気があり、彼の生きた同時代には、カラヴァッジオの作品表現を真似する画家も数多くいました。彼らは「カラヴァッジェスキ」と呼ばれています。カラヴァッジオの作品が美術館ではなく、教会の壁に当時のまま掛けられているという事実に、著者は純粋に感動を覚えます。カトリック教会が繁栄した最後の時代がバロックであり、それはカトリックの宣教戦略が美術作品を通して教会の栄華を復興させ、人々に権威を示そうとしていたことはさきほど説明した通りです。しかしなぜ著者が感慨深いものを感じるかというと、もうひとつ別の理由があります。カラバッジョは気性の荒い性格で悪名高く、酔っぱらって人を殺し、一時はお尋ね者としてイタリア各地を放浪する羽目になってしまいます。そしてローマ教皇庁から赦されたカラヴァッジオは、ローマに戻る途中三八歳の若さで亡くなってしまいます。その死亡理由についてはいまだ謎が多く、まさに破天荒な人生を生きた天才画家だったのです。そうした逸話が残るカラヴァッジオが描いた『マタイの召命』が、教会礼拝堂の内部の壁に掛けられているのです。

作品の題名となっている「マタイ」とは、イエスの一二弟子のひとりのことです。福音書「マルコ2：13—17」「ルカ5：27—32」では「レビ」と呼ばれています。このレビ、すなわちマタイはユダヤ人でありながら、侵略者ローマ帝国のために民衆から税を集める徴税人でした。そのため人々から忌み嫌われ、罪人と見なされていました。卑しめられ、なるべく接触しないように疎まれた存在だったのです。この作品ではマタイは正面向かって左端に座り、うつむいてお金の勘定をしています。人々からの侮蔑を痛いほど感じていたのでしょう、まるで自分を卑下してうつむいているかのように描かれています。

そこに右側からイエスが弟子なのか、あるいは案内人と思われる人でしょうか、いっしょに立ち上がって右手をマタイの方に指さし、イエスはマタイになにかを呼びかけています。イエスは「わたしに従いなさい」とたった一言言うのです。それを聞いたマタイはなにも言わずに立ち上がりイエスに従ったと、マタイ、マルコ、ルカの三つの福音書に記されています。徴税人は、いまなら税務署の役人です。経済的には恵まれた仕事をしています。そのまま続ければ富をなし、なに不自由なく一生を暮らせる立場にありました。それにもかかわらず、マタイは即決して、イエスの発したその一言に従います。それだけでなく、その後イエスと仲間の徴税人や罪人たち（この場合必ずしも犯罪者とはかぎらず、ユダヤ人が交わりを禁じられていた異邦人と関わった者、売春婦、不治の病に侵された者、律法を犯した者）を、自分の家に呼んで食事をともにしました。マタイが徴税人という仕事をしているがゆえに、人々から差別され、苦しんでいたことがわかる、聖書のエピソードが表現されているのです。

聖書に記されているこの物語は食事をしている場面で終わらずに、徴税人と食事をする罪人らに加えて、イエスを批判する「正義の味方」ファリサイ派の人々が登場します。イエスの弟子に、「なぜ、あなたたちの先生は徴税人や罪人と一緒に食事をするのか」と言うと、イエスは「医者を必要とするのは、丈夫な人ではなく病人である……。わたしが来たのは、正しい人を招くためではなく、罪人を招くためである」と言いました。どんなときでも、この世の弱者に寄り添い、マタイやその場にいた人々をかばって言った言葉だと考えられています。しかし本当に神の赦しが必要なのは、果たしてだれなのでしょうか。この正義を振りかざすファリサイ派の人々こそ、悔い改めが必要なはずです。ただその当事者たちは、そのことがまるでわかっていません。このような正義の味方を気取る人たちが他者を苦しめるのは、どんな時代であっても変わらないようです。

さてこのカラヴァッジオの『マタイの召命』では、独特の光の表現や構図によって、場面がドラマチックに演出されていると考えられます。画面全体のトーンを暗くしているため全体の色調はよくわかりませんが、赤や青、緑などの伝統的な色味が使用されているようです。またイエスの頭にも微かに光輪が見えます。しかしそれ以上にカラヴァッジオは、イエスの後方右上から差し込んでいる光によって、その神性を表現しているのだとしたらどうでしょうか。その光は人々の顔を照らし、その淡くなった光はマタイにも届いています。そのことによって、マタイの回心が示唆されているとも考えられるのです。そして画面に描かれているように、光で顔が照らし出されている人々がマタイの徴税人仲間だとすれば、マタイと同じように、神の光によって罪が赦されているとも考えられるのではないでしょうか。もし徴税人仲間ではなく、マタイを侮蔑していた人であったのなら、真に回心が必用なのはこれらの人々である、とカラヴァッジオは言いたいのかも知れません。

10-4 『フランダースの犬』のルーベンス

ルーベンスの正式な名前は、「ピーテル・パウル・ルーベンス」です。ルーベンスの描いた作品は、一九世紀の児童文学者マリー・ルイーズ・ド・ラ・ラメーが書いた『フランダースの犬』に出てくる作品のことを思い浮かべる人も多いのではないでしょうか。貧しいミルク売りの少年、物語の主人公ネロが、教会の礼拝堂でひと目見たかったあの作品です。物語は愛犬パトラッシュといっしょにアントワープの聖母大聖堂の前でネロは死んでしまうという悲しい結末を迎えます。はたしてネロが見たとされる作品が、アントワープの聖母大聖堂の礼拝堂に飾ってある、ルーベンスの描いた『十字架昇架』や『十字架降下』であったかどうかは定かではありません。著者は二〇二三年三月にようやくアントワープへ行き、念願かなってこれらの作品を観ることができました。ここではまず、著者がアメリカ滞在時に何度か目にすることができたルーベンスの『磔刑』［図42］から、その詳細について考えをめぐらせてみたいと思います。

10-5 ボストン美術館のルーベンス

この『磔刑』は、ニューヨークから飛行機で九〇分、車に乗って北上すると約五時間の場所にあるボストン美術館に収蔵されています。『十字架昇架』や『十字架降下』の二作品と同時代に描かれていたのがこの磔刑画です。『磔刑』が展示されているボストン美術館は、周辺に大リーグのボストン・レッドソックスのホームグラウンドであるフェンウェイ・パーク球場や、故小澤征爾さんが長年主席指揮者を務めていたボストンシンフォニー・オーケストラのコンサートホールがあり、すべてが散歩できる距離のなかに収められています。ボストン美術館の目の前にはジェームズ・P・ケレハー・ローズ・ガーデン公園が広がり、一体となって美しい街並みをつくりだしています。公園の南側にはトラムが並走しているので、ボストンの街並みを見ながら最寄り駅「Museum of Fine Arts」駅で降りると、ボストン美術館はすぐ目の前です。美術館の近くにはノース・ウエスタン大学や、少し離れたところにはハーバード大学やシモンズ大学があります。まさにここがボストン文化の中心であることが分かります。ボストン美術館は日本美術の作品収集でも世界一を誇り、特に江戸時代の浮世絵については、日本では色か退色してしまっている作品が多いなか、北斎や歌麿、広重らの作品が、とてもよい状態で保存されていることでも知られています。そうしたボストン美術館ですが、フェンウェイ・パーク側の一階と二階にヨーロッパ美術のセクションが設けられています。その反対側の正面にあたるハンティントン側から、ちょうど真ん中のドームがついた円形の建物、「ロタンダ（rotunda）」を突き抜けたところに、このルーベンスの『磔刑』が展示されています。

近世ヨーロッパ美術のコレクションとして収蔵されている『磔刑』は、アントワープの聖母大聖堂にある『十字架昇架』の習作であると考えられています。いわば本番前に描かれた練習のための作品です。これがある意味で、完成作品として取り扱われていることからすると、画面には下地のキャンバスが見え隠れする部分があるなど、やや粗雑な感じが残っている作品のように見えます。しかしそれがかえって、ルーベンスの筆遣いや画面上の光の流れなどが理解しやすい作品になっているとも考えられます。

このベルギーの宮廷から発注を受けて描かれたルーベンスの作品は、力強く、そして華麗です。若い頃イタリアに留学したルーベンスは、ダ・ヴィンチや、とりわけミケランジェロのダイナミックな表現方法を学びました。留学先で習得したルーベンスの特長が、遺憾なく発揮された作品であると考えられます。

しかしこの『磔刑』には、十字架に磔られたイエスのまわりにいるはずの女性信者やローマ兵、ユダヤ人らがだれひとりとして、まったく描かれていません。イエスは、孤独と絶望、肉体的苦痛に顔を歪め、父なる神のいる天の方向をただひとりで仰いでいます。そこには旧約聖書「イザヤ53：2b」の預言にある、「見るべき面影はなく、輝かしい風格も、好ましい容姿もない」

姿が表現されています。背景にはイエスの苦悶を強調するかのように、どす黒い暗雲がイエスを包み込むように描かれています。その黒い雲は、巨大なモンスターのようにも見えます。一方、光に照らし出されたイエスの身体は骨や筋肉だけでなく、血管にいたるまで入念に描かれています。ここはルーベンスの画才が遺憾なく発揮されている部分であると著者は感じました。

10-6
横たわるネロとパトラッシの彫刻

この習作を鑑賞したあとは、ボストンからアントワープへとフライトして、『十字架昇架』〔図45〕と『十字架降下』〔図46〕のふたつの作品を鑑賞し、『磔刑』に描かれた孤独なイエスと、どこが異なっているのかその相違点について考えてみたいと思います。

小説『フランダースの犬』で画家になることを夢見ていた貧しいミルク売りの少年ネロは、クリスマス・イブの凍えるような聖夜に、ひと目この目でルーベンスの絵画作品を見ようとアントワープの聖母大聖堂へ向かいます。けれども翌朝、愛犬パトラッシュとともに凍死している姿で発見されるという、あまりにも悲しい結末に、涙を流した読者のみなさんもいらっしゃることと思います。

テレビアニメ化された『フランダースの犬』は、小さい子供の視聴者が多いことから、ネロとパトラッシュはルーベンスの絵画を見たあとで亡くなり、天国へ昇っていったという場面で物語は終わっています。

この小説やテレビアニメが日本であまりにも有名になったために、アントワープの聖母大聖堂を訪れる日本人観光客が爆発的に増えたそうです。通常、教会の建築物は外観を変えたり、また増改築をしようとして市に申請を行ったりしたとしても、許可が降りることはまずありません。しかし、アントワープの旧市街に位置する聖母大聖堂前にはレンガが敷き詰められた広場がありますが、この場所に大理石か、あるいは御影石でつくられた大きなネロとパトラッシュの彫像が設置されていました［図48］。

著者が英語ガイドに引率されたグループの横を通りかかったとき偶然に、そのネロとパトラッシュの彫像について解説しているガイドの声が聞こえました。いわく、日本で「フランダースの犬」があまりにも有名になったために、一時期、聖母大聖堂を訪れる観光客のほぼすべてが日本人になってしまったことがきっかけとなって、この彫刻作品が設置されたと説明しています。石畳の掛物に包まれて、ネロとパトラッシュは目を閉じて穏やかに微笑んでいます。小説ではネロがルーベンスの作品を見ることができたかどうかは曖昧なままですが、きっとルーベンスの作品を見ることができたのでしょう。とても幸せそうな寝顔をしています。

10－7 聖母大聖堂の『十字架昇架』

その広場から正面を見上げると、聖母大聖堂の左側にある尖塔が、天を突き抜けるように建てられ、正面玄関の厳ついゴシック様式の彫刻群も目を引きます。聖堂の内部に入ると、左右の壁はステンドグラスやガラス窓がたくさんはめ込まれていることがわかります。中世やゴシック様式の聖堂は暗いところも多いのですが、ステンドグラスやガラス窓から差し込む光の効果によって、礼拝堂の内部空間の大きさがいっそう際立っています。

［図43］はルーベンスの代表作のひとつ『十字架昇架』です。三連祭壇画として描かれました。教会で瞑想や祈りを捧げる人のために、この作品は制作されたのです。ボストン美術館の『磔刑』は十字架に架けられたキリストを描いた習作ですが、『十字架昇架』の中央部には、十字架に架けられる直前のキリストと、彼を十字架に架けようとするローマ兵の姿が描かれていま す。敵に囲まれたイエスは十字架の刑に処せられて、つまり人類救済のため神の小羊となるという運命を受け入れて、天にいる神を見上げている様子が描かれています。そのためイエスの表情にも悲壮感が漂っているように表現されています。

正面向かって左側の部分には、伝統的な信仰の青、喪に服す黒を着た母マリアと思われる女性と、青味がかった黒に受難の赤を着たイエスの弟子ヨハネ、下部には受難の赤をまとい金髪をさらしている女性（天使を抱いているマグダラのマリアか、赤子を抱いた女性信者）が女性信者とともに嘆き、昇架するキリストを見上げています。マタイ、マルコ、ルカによる福音書には、男性の弟子は全員逃げてしまい、イエスの十字架を見守ったのは女性の弟子だけであったと記されています。その一方、ヨハネによる福音書では愛する弟子ヨハネが十字架のかたわらにいて、イエスが母マリアとヨハネに語りかけたと記されています。（本書一三五ページ参照）

自分は十字架の刑に苦しみ、いまや絶命するという状況のなかにあっても、母マリアを思い信頼する弟子に世話を頼むという、なんとも深いイエスの愛をルーベンスは表現しているようです。左側の画面では、母マリアをはじめ描かれたものたち全員が、先立つ息子を赦してくださいと、神に言っているようにさえ感じられます。

右側の画面には、イエスとともに十字架に架けられたふたりの罪人を連行するローマ兵が描かれています。その数に着目してみましょう。母マリアや弟子ヨハネが描かれている左側の画面の登場人物は八人です。中央部分は神の子イエスを除くと八人。右側の画面の登場人物は七人と、それぞれに意味をもたせています。右側の七は言うまでもなく、この世のことを表し、人類救済のミッションが完成したことを意味しています。左画面と中央部分の八は、死を超えた復活を意味しています。これから十字架に架かるイエスですが、あらかじめ死に勝利する復活が暗示されているのです。

10-8
対をなす
『十字架降下』

アントワープ聖母大聖堂礼拝堂内部の左側には『十字架昇架』が設置されていますが、右側には、それと対をなすように『十字架降下』［図44］と題された作品も配置されています。

この『十字架降下』も同様に三連祭壇画ですが、対をなす『十字架昇架』とは大きな違いがあります。さっそくその違いを観て行きましょう。『十字架昇架』では左側の画面を除くと、中央でも右側の画面であっても、イエスは敵のローマ兵といっしょに描かれています。『十字架降下』では、描かれた全員イエスとその近しい人が描かれています。特に左側の画面では、聖霊によって懐妊した母マリアがどこかの、たぶん親戚のエリザベトの家を訪問している（「ルカ1：39―45」）様子が描かれています。

聖書「ルカによる福音書」には、エリザベトも夫のザカリアも高齢であるため懐妊しにくいと思われていましたが、神の使いによって「妊娠」が告げられたと記されています。生まれてくる子供は、のちに洗礼者ヨハネと呼ばれ、力強い預言者へと成長します。エリザベトと母マリアは親類だったようで（「ルカ1：36」）、ヨハネは旧約聖書で預言された救い主の先駆けとして、露払いのような人物として救い主であるイエスを迎えます。イエスが生まれる前から、こうした数奇な運命の糸で結ばれていたことが記されています。『十字架降下』左側の画面に描かれている登場人物は、階段下の後方はるかかなたにいる人物は除くとして、母マリアを含めて五人です。五はキリストが十字架の刑で受けた傷を意味しています。ここでもキリストの受難が暗示されています。また母マリアは伝統的な受難の色であると赤と、喪の黒を身にまとっています。

画面の右側に描かれているのは、生後八日目に割礼を受けるため、夫ヨセフと母マリアが赤子のイエスをエルサレムの神殿へ連れて行き、そこでシメオンという宮仕えの老人がイエスを抱き上げている場面です（「ルカ2：22―35」）。シメオンはここで約束の救い主が与えられたことに対して神へ感謝し、夫ヨセフと母マリアに「イエスには救い主として辛い運命が待ち受けている。そのためマリアも心が切り裂かれるような思いをする」という神の託宣を伝えているのです。登場人物は赤子のイエスを除くと、シメオンと夫ヨセフ、そして母マリアを入れて7人となります。七という数字は神の創造の御業の完成、つまりイエスの十字架による神による人類救済の完成が表現されていると考えてよいでしょう。シメオンは受難の赤、赤子のイエスは神性を表す金色の布で抱かれ、母マリアは信仰の青を着ています。跪いているのが夫ヨセフでしょうか。少し青味がかった喪の黒い服を着ています。これらの数や色彩はすべて、生まれたばかりのイエスが十字架という過酷な運命をこれから背負うことになることが暗示されています。

また『十字架降下』中央の画面では、絶命したイエスのまわりを八人の人物が取り囲んでいます。数字の八は復活を表す数字です。亡くなったばかりのイエスですが、ルーベンスはこの画面ですでに復活の予兆を表現していると考えられるのです。登場人物についても、『十字架昇架』

ではイエスがローマ兵に囲まれていた状態で描かれているのに対して、こちらの『十字架降下』中央の画面では、青と黒を身にまとい我が子イエスの腕に手を伸ばしているのは母マリア、赤を着てイエスを下で支えている若い男性は弟子のヨハネでしょうか。また十字架に架けられたイエスを下に降ろす白髪の男は一番弟子のペトロではないでしょうか。伝統的な聖書観が伝える印象のままペトロは描かれています。もうひとり十字架の上にいる男性はヨハネ兄弟のヤコブか、ペトロ兄弟のアンデレではないでしょうか。また画面中央でユダヤ教の祭儀服か、あるいは礼装を着ている男性とイエスを挟んで正面にいる黒い服を着ている男性はニコデモではないでしょうか。また十字架の上部でキリストの身体に触れようとしている人物は、ひそかにイエスを信じ、死後イエスの遺体を引き取ったアリマタヤのヨセフでしょうか。ユダヤ教のファリサイ派であり、サンヘドリンというイスラエル議会の議員でもありましたが、イエスと敵対していた一派でありながらも、イエスを慕い信じていた人物です。そして画面下に描かれたふたりの女性のうちひとりで、ブロンドの長い髪でイエスの足に触れているのがマグダラのマリアです。そしてもうひとりは、サロメ（「マルコ16：1」）またはヨハナ（「ルカ24：10」）ではないかと考えられます。みな生前のイエスに従い、その教えをまっとうした人です。イエスが復活したあとは、伝道者や教会の指導者となって、初期のキリスト教や教会を下支えた人たちです。画面ではすでに亡くなってしまっているイエスの姿が描かれていますが、このようにイエスを愛し信じた人々に囲まれている様子が表現された画面を観ると、ボストン美術館の『磔刑』に描かれている孤独な姿のイエスや、『十字架昇架』で表現されている独りぼっちで苦難を受け入れるイエスとも異なる表現を観ているような気がします。『十字架降下』でルーベスが表現したのは、復活の喜びを秘めた亡骸としてのイエスではないかと思うのは著者だけでしょうか。

キリスト教の主題から少し離れますが、ボストン美術館に展示されている『磔刑』では、周囲にだれも描かれず孤独でひたすら天を仰ぎ、神に「わが神、わが神、なぜわたしをお見捨てになったのですか」という聖書「詩篇22：1」を引用し、神に自分の過酷な運命を問うているイエスも、『十字架昇架』では周囲には敵方しかおらず、その敵に囲まれて磔にされるイエスも、『十字架降下』で表現されている愛する者たちに囲まれて十字架から降ろされる遺骸のイエスも、どれもみなすべてルーベンスは、イエスの姿を筋骨隆々に描いています。これは多くの美術史家が指摘していることですが、ここにはギリシア・ローマ時代の彫刻ラオコーン(1)の影響(2)や、彼がイタリアに留学していた際に学んだミケランジェロの彫刻表現の影響が現れていると考えられます。それはもはや神としてのイエスではなく、人間としてのイエスであり、その人間としての苦悩や絶望、そして希望をルーベスは表現しているように、著者には感じられます。

バロック芸術は、これまでいっしょに鑑賞してきたルーベンスや、スペインに登場したベラスケス（一五九九─一六六〇）という画家によって、その頂点を極めます。この後、教会が権勢を誇り、そして教会の神学や教理を画家や彫刻家に表現させていたキリスト教美術は終焉を迎えます。しかしその一方で、宮廷や富裕な商人のあいだでは、優美な美術品として装飾性の高い作品が求められるようになります。ルーベンスやベラスケスも請われて、豪華な宮廷画や優美な絵画を描くようになりました。そしてそれはジョヴァンニ・バッティスタ・ティエポロ（一六一七―一六八二）に代表されるような、ギリシア・ローマ時代の神話を題材とする雄大かつ優美な作品や、さらには貴族階級の家族肖像画や雅な田園風景などが描かれた「ロココ」へと展開していきます。そしてこれ以降は、キリスト教を主題とする絵画作品は、画家個人が自ら好んで選び表現する絵画として生き残って行くことになるのです。

（1）紀元前一二〇〇頃のヘレニズム彫刻。トロイア戦争で連合ギリシア軍が攻めていたトロイア軍の神官。ギリシアの贈り物である木馬が罠であることを指摘するも、連合ギリシア軍に味方した女神アテナが送った怪物（海神ポセイドンという説もある）によって、海に引きずり込まれ絶命。それによりトロイアの木馬作戦が成功を収めた。

（2）宮下規久朗はその著書『普及の名画を読み解く』二〇一〇、ナツメ社、一一〇―一一一ページや、『世界の一流が必ず身につけている西洋美術の見方』二〇一九、宝島社、八六ページで《十字架降下》のイエスのポーズ、肉体表現がヘレニズム彫刻の傑作の一つ《ラオコーン》によく似ていることから、その影響を指摘している。

第11章　ゴッホをアニミズム的に解釈する日本

11-1　ゴッホの信仰

ベルギーとの国境にほど近い、オランダのズンデルトに生まれたフィンセント・ファン・ゴッホは、日本のみならず、アメリカでもヨーロッパの国々でもとても人気のある画家です。著者も若い頃からゴッホ作品には心惹かれ、キリスト教の機関誌『教師の友』のコラムでゴッホを取り上げたり[1]、また金城学院大学キリスト教文化研究所の定例会で、「キリスト教、ユダヤ教と近代絵画～ゴッホ、シャガール、バーネット・ニューマン～[2]」という題目で講演する機会も与えていただきました。時代はバロックから一九世紀末のポスト印象主義に飛びますが、今回はそれらをもとにして、日本でときどき目にするゴッホの描いた作品をアニミズム的に解釈することへ異議を唱え、作品を正確に観ながら、ゴッホの描いた作品に明らかに反映されている信仰の灯について、光を当てたいと思います。

ゴッホは牧師の息子として生まれ、オランダ改革派というプロテスタント教会の家に育ちました。そして自然に本人も牧師を目指すようになります。しかし挫折すると、画家を志すようになりました。日本では彼が生まれ育ったこのオランダ改革派教会がとても保守的であることや、今日でも伝統的なキリスト教の習慣を守っていること、そしてゴッホが牧師の家に生まれたことのもつ本質的な意味といったようなことが、あまり理解されていないのではないかと著者は感じます。

アメリカでは例えば、牧師の子供は、くだけた意味で「牧師の子」「牧師のせがれ」「牧師の娘っ子」という意味をもつ、「PK（Pastor's Kid）」というニックネームで呼ばれるほどの、ある意味で特異な存在として、いつも周囲から注目を浴びてしまいます。ときにはそれが重荷になってしまう子もたくさんいると思います。

ゴッホの生きた時代、とりわけ一九世紀後半は、多くのキリスト教会は社会が世俗化することによって、その影響力を失っていました。それでも牧師の家に生まれることは、当時においても特別なことでした。ゴッホは小さい頃から牧師の息子として、この見えないプレッシャーと戦っていたことは、想像にむずかしいことではありません。至極当然のこととして理解することができます。

一六歳でゴッホは一度、中学校（日本では高校か大学予科に相当する学校）を中退し、画廊に勤務します。しかし勤務態度の悪さから退職に追い込まれてしまいます。その後は仕事を次々に変えながら、いつしか父と同じ牧師を志すようになります。しかし周囲のプレッシャーからか、自分のもって生まれた激しい気性からか、牧師になるために大学へ、神学校へ進学するという正統的な道から外れてしまいます。そこで家庭教師に付いて、あらためてギリシア語や古典、聖書を学び直します。ただ改革派の難しい試験には通らず、正規の牧師になることができませんでした。そこで牧師の見習い、牧師補のような伝道師となって炭鉱へと赴任します。ゴッホはその地で、炭鉱夫のあまりにも貧しい生活を目の当たりにし、教会の家具や所有物をすべて売り払って、貧しい炭鉱夫とその家族に分け与えてしまいます。自らも貧しい者として、ボロボロの服を着て、質素とはほど遠い赤貧生活を送るようになります。これを見た教会上層部は、ゴッホに不適格の烙印を押し、牧師への道が完全に閉ざされてしまったのです。

11-2
放浪を続けたゴッホの信仰表現

結果として、ゴッホは組織としての教会を嫌うようになります。しかしだからと言って、一部の美術史学者や評論家が指摘するように、教会を憎むようになった(3)かというと疑問です。またキリスト教信仰から離れて、太陽を信仰したり自然を崇拝したりするようになったとも思えません。たしかに組織としての教会には懐疑的になったかも知れません。しかしゴッホはキリストへの信仰から離れるようなことは、けっしてなかったと著者は考えます。個人の「宗教観」という言葉にしてしまうと、やや不鮮明になってしまいますが、組織としての教会に不満を抱いたり、それで躓いて教会から離れたりすることは、信仰心をもつ者であればだれにでも起こりうることです。聖日礼拝に出席しなくても、ともにキリストを信じ続ける人は大勢いるからです。本章では、ゴッホが一生涯信仰する心をもち続け、それを自分の作品に間接的に表現していたという立場から作品を観て、ゴッホの表現というものを理解して行きたいと思います。

11-3 ゴッホの作品を感性や感情から見ることとの危うさ

『ジャガイモを食べる人々』［図45］という作品は、牧師になれず挫折したのちに画家を志して描きはじめた頃の、ゴッホ初期作品の傑作と考えられている作品です。現在はオランダのアムステルダムにあるファン・ゴッホ美術館が収蔵する目玉作品のひとつです。

アムステルダム中心地の運河沿いにあるアムステルダム中央駅から南西に、直線距離にして三キロほど離れた場所に位置するファン・ゴッホ美術館へは、トラムを利用すると中央駅から二〇分ほどで到着します。街並みを散策したい人は、およそ四〇分かかりますか、平坦な街なかをめぐる運河を渡って歩いて行くことも可能です。アムステルダムも街中はもちろん近代化していて高い高層ビルが立ち並んでいますが、市街地にはまだまだ古い家屋も建ち並んでいます。細かく張りめぐらされた運河にはいくつもの橋が架けられていて、どこを切り取っても素敵な風景写真を撮れる街がアムステルダムです。

ファン・ゴッホ美術館の周辺には、アムステルダム国立美術館やモコ美術館があり、ファン・ゴッホ美術館の前にはミュージアム広場も広がっています。美術館から西へ少し歩いて行くと、そこはフォンデル公園です。市内にある公園とは思えないほど、広大な緑豊な場所です。そこで一日中過ごしたとしても、飽きてしまうことはまったくないと思います。著者は二〇二三年三月に念願がかなってアムステルダムを訪れました。そのとき率直に感じたことは、「ニューヨークで生活しているときに、もっと早いタイミングでアムステルダムへ来ればよかった。名古屋から来るよりももっと気軽に、そして頻繁に来れたのに」と後悔するほどでした。

さてファン・ゴッホ美術館に無事到着して美術館内部へと進むと、ときおり作品を鑑賞している人たちが、「わーっ」「綺麗」「美しい」「好き」とか、「んー、これは嫌い」などと言い合っていて、自分の感情や好みで作品を観ているような印象を受けました。もちろんこれも、ひとつの鑑賞の仕方ですし、そもそも鑑賞は自由であるべきです。しかしそれだけでは画家が作品に込めた、本当の意味にたどり着くことはできません。昭和を代表する知識人のひとり小林秀雄は、『ジャガイモを食べる人々』ついての感想を著書『ゴッホの手紙』に記しています。ただ驚いたことに、小林もまた感情や印象から『ジャガイモを食べる人々』を鑑賞しているようです。ゴッホの信仰がまったく見えていなかったと考えられます。『ゴッホの手紙』から該当する一部を引用します。

一家五人が馬鈴薯を食べている。みんな野良着のまま、男も女も泥に汚れた冠りものさえとっていない。腹をすかした子供と若夫婦が真先に皿に手を出す。祖母さんは茶をつぎ乍ら、おきまりの不平をこぼす。息子が聞き咎めて、恐ろしい顔をして何か言う。かみさんは亭主を睨む。爺さんが、ぐずぐず言わずに食べろと、婆さんに馬鈴薯を差し出す（中略）美しいものも和やかなものもない。毎日繰り返される辛い退屈な生活である。（『第二〇巻小林秀雄全集　ゴッホの手紙』四七頁　新潮社　二〇〇四年）

『ジャガイモを食べる人々』は、ゴッホ初期の作品であるため、画面全体が、とても暗くまとめられています。いわゆる聖画ではありませんが、しかし、この作品には、ゴッホの信仰に対する思いのようなものがよく表現されていると著者は考えます。小林はこの作品を見て、「爺さんが、ぐずぐず言わずに食べろと婆さんに馬鈴薯を差し出す」と記述していますが、お爺さんが差し出しているのは馬鈴薯ではなく茶碗だったのです。著者はこの事実を確認することを最も優先順位の高い目的として、ファン・ゴッホ美術館を訪問したのです。おりしも美術館が創立五〇周年を記念して特別企画展を実施していた時に訪れることができました。なんとよいタイミングに、ここへ来ることができたのだろうと感慨深い思いになりました。

一階で開催されていた特別企画展を通り過ぎ二階のフロアに到着すると、展示室ではなく回廊のような、ひときわ注目を集めるような場所に、この『ジャガイモを食べる人々』が展示されていました。作品が展示されている場所では多くの来館者が集まり、おのおのがその作品の前で写真を取っています。著者もようやく出会えた『ジャガイモを食べる人々』に少しずつ歩み寄って近づいたり、後ろに下がったりしながら、またしばし立ち止まりながら、じっくり鑑賞することができました。そして小林が茶碗を馬鈴薯だと誤認して執筆していたということを、しっかりと確認できました。お爺さんは、たぶんチコリの根を煎じたお茶を注いでくれたお婆さんに、感謝の意を込めてその茶碗を掲げていたのです。ファン・ゴッホ美術館は、アムステルダムに到着してから真っ先に向かった最初の訪問先でした。もうこれだけで、アムステルダムに来てよかったと報われた思いがしました。

『ジャガイモを食べる人々』について話を続けると、小林は、「みんな野良着のまま、男も女も泥に汚れた冠りものさえとっていない」と記しています。たしかに、描かれている当時の農夫たちは貧しく生活に追われていました。しかし農夫たちは疲れ果てて、「冠りものさえとっていない」のではありません。あえて取らなかったのです。これは新約聖書の「コリントの信徒への手紙I」にある、「女はだれでも祈ったり、預言をしたりする際に、頭に物をかぶらないなら、その頭を侮辱することになります。女が頭に物をかぶらないなら、髪の毛を切ってしまいなさい。女にとって髪の毛を切ったり、そり落としたりするのが恥ずかしいことなら、頭に物をかぶるべきです」という、新約聖書の教え（「Ⅰコリント11：5―6」）に由来していることだと考えられます。

そもそも修道女の慣習であった「頭に何かを被る」という行為が、プロテスタント教会へと広まりました。正式な教会法規ではありませんでしたが、女性は内でも外でも、本来は帽子の下に冠るものであったキャップを頭に身に付けるとことが厳守されるようになったのです。そして庶民にも、このキャップだけ冠るということが習慣化して行ったのです。都会では廃れてしまっていましたが、このキャップを冠るという習慣は一九世紀まで続き、まだ保守的な傾向が強かった地方では、二十世紀前半まで受け継がれていたようです。日本でも人気のあるフェルメールの傑作『真珠の耳飾りの少女』を題材にして書かれた、同タイトルの小説でも主人公の少女は寝るときもキャップを冠っていました。またこの習慣は、現代のアメリカでも確認することができます。アーミッシュと呼ばれるキリスト教の一宗派の人々は頑なに現代文明を拒み一七世紀の生活をそのままに、この現代においても営んでいます。人々は馬車に乗り、男性は帽子を冠り、白いシャツと黒い上着とズボンを着て、女性も一七世紀のドイツの衣装を彷彿とさせる身なりで、この「カップ」と呼ばれる冠りものを頭に冠っています。ゴッホによって画面に描かれた農民たちは信仰上の理由から、冠りものを取らないでいたのです。

［図49］の図版は北米からカナダ国境付近に拡散し居住する、アーミッシュの伝統を受け継いだキリスト教徒を写したものです。写真から分かるように、女性は家のなかでも外でもキャップに相当する冠り物をいまも頭に身に付けています。また写真には写っていませんが、男性もたしかに帽子を身に付けています。それは、彼らの信仰のゆえのことだからです。

『ジャガイモを食べる人々』をよく観ると、左側後方の壁には小さな「キリストの磔刑」画が架けられています。イエスの足元には、ぼんやりとですが母マリアと弟子ヨハネが描かれているようです。ここにもゴッホの信仰が表現されているのではないかと、著者は理解します。こうしたことを理解したうえであらためてこの作品を観ると、農民一家は疲れ果てて口も聞けないという状態なのではなく、辛い労働であっても家族は一日の終わりに、たとえジャガイモとお茶だけの夕食であったとしても、信仰によってともに分ち合い、そして支え合って生きているという場面が表現されているのだと著者は思うのです。食卓の上でジャガイモから出ている温かい湯気には、夫や家族を気遣う妻の思いが反映されています。お爺さんは馬鈴薯ではなく、湯気の立つ茶碗を手にしていて、そこにはお爺さんに手渡したお婆さんの愛も表現されているのです。またお爺さんの表情には、お茶を受け取りお婆さんへ感謝している優しい顔が表現されているのです。ゴッホは、過酷な労働が続く日々のなかで懸命に生きている貧しい農民一家の食事を描くことで、信仰や希望、そして愛を描きたかったのではないでしょうか。

11-4 ミレーの影響を受けたゴッホ

ジャン＝フランソワ・ミレーが描く敬虔な作風に感化されたゴッホは、とりわけ『種まく人』から強い影響を受けたようです。それはゴッホがミレーの『種まく人』を何度も模写したり、また独自に昇華して［図46］の『種まく人』をゴッホ自身が表現したりするほどでした。ミレーは新約聖書「マルコによる福音書4：1─9」や「マルコによる福音書4：13─20」などに記されている、イエス・キリストの譬え話を題材に作品を描いています。そうした意味から考えても、『種まく人』はじつに信仰的な作品であると言えるのです。

ところがこれは、おもに日本に当てはまることですが、ゴッホは太陽を信仰する傾向にあり、また自然を崇拝する傾向もあったという言説(4)をどきどき目にします。それというのも、ゴッホの描いた『種まく人』には、画面左側には大きな太陽が表現されていたり、またみなさんもよく知る『ひまわり』という作品では、満面の陽光を受けたひまわりを多数描いていたりすることからです。また日本の浮世絵に大きな影響を受けたゴッホは、日本という国を陽光が燦々と降りそそぐ国であると思い込み、よく似た南フランスのアルルに移り住んでいることからも、このような解釈が生じたのではないかと考えられています。

実際、ゴッホ自身が移り住んだアルルの地から弟テオに宛てた手紙のなかに、「ああ、この土地の太陽を信じない人たちは、まったく何ものも信じられない不幸な人たちだ。ただ残念なのは、神の如き太陽と並んで、月の四分の三は悪魔の如きミストラルが吹き募ることだ(5)」と綴っています。こういった記述からゴッホがキリスト教に躓いたのちに、太陽信仰や自然信仰に至ったという解釈をしたのでしょう。しかしながら、それはとても日本的な、ある意味でアニミズム的な解釈です。太陽はあくまで神のごとくであって、神そのものではありません。太陽は神の被造物であり、そしてその光は神の神性を表すシンボルです。この作品では、太陽がまるで種をまく人の背後にあり光輪のようにも見えますが、光輪は最前面で描かれる人物や、神の聖性そのものを表す小道具にすぎません。

新約聖書のマタイ、マルコ、ルカなどには、「種まき」の譬え話が記されています。そのひとつ「マルコによる福音書」を引用します。

26また、イエスは言われた。「神の国は次のようなものである。人が土に種を蒔いて、27夜昼、寝起きしているうちに、種は芽を出して成長するが、どうしてそうなるのか、その人は知らない。28土はひとりでに実を結ばせるのであり、まず茎、次に穂、そしてその穂には豊かな実ができる。29実が熟すと、早速、鎌を入れる。収穫の時が来たからである」［「マルコ4：26―29」　日本聖書協会　新共同訳］

この「種まき」の譬え話は、神の国での出来事を表しています。種をまく人は、もちろん種をまくだけです。創造主（父）なる神が、その種を糧として成長させるのです。種をまく人は、どうしてそうなるのか分かりません。[6] しかし、その実が豊かに実ると鎌を入れて収穫する。ゴッホは種まきを、イエス・キリストに見立てたのだと思います。そしてキリスト教の「裁き」と「赦し」、「神の国の到来」という遠大な神学的なテーマを、この『種まく人』の主題として表現したのではないでしょうか。もちろん、描かれた作品をどのように解釈するかは個々の自由です。しかしゴッホの作品から、キリスト教信仰や聖書理解をまったく取り除いて作品を理解してしまうと、もぬけの殻のような、なんともつまらない作品になってしまうと感じるのは著者だけでしょうか。

さきほどゴッホは日本の浮世絵に影響を受け、日本に憧れたという説明をしましたが、この『種まく人』には日本に対するゴッホの思いが表現されている部分も見られます。『種まく人』の画面右下から左上に向かって、一本の太い幹が描かれています。これは梅の木を表現しているのではないでしょうか。ゴッホの『種まく人』は、歌川広重の『名所江戸百景・亀戸梅屋敷』の構図や表現要素を取り入れて描かれた[7]と考えられています。インターネットを利用して、ゴッホの描いた作品と、似たようなアイテムが描かれた浮世絵とを比較しながら、その関係性を新たに探し出してみるのも、楽しい作品鑑賞の仕方だと思います。

11-5 存在しないはずの教会を描いたことの意味

本章の冒頭で言及した、ゴッホがキリスト教から離れ教会を否定し、太陽信仰や自然崇拝にいたったのではないかと主張する美術史家や評論家が少なからず存在していることについて、著者はまったく同意できません。ひろしま美術館には『ドービニーの庭』［図47］という作品が収蔵されています。著者は、ひろしま美術館を初めて訪問した折にゴッホのこの作品があることを知り、感動を覚えました。この作品は、ピストル自殺を図り死亡するほんの一ヶ月前に描かれた作品です。これは広く知られている事実だと思いますが、画面右上に描かれている尖塔のある教会は、ゴッホが写生したとされる位置からはその存在が確認できません。しかしゴッホは意図して、その場に存在しない教会を描き込んでいるのです。死の恐怖と、その誘惑に苛まれていた人間が、わざわざ嫌悪する教会を自ら作品に描き入れたとはとても考えにくいことです。もちろん描き込むことなど、まったくありえないとまでは断言できません。しかしゴッホは精神を病んでいるときも、教会を描き続けていたのです。繰り返しますが、教会が嫌悪の対象であったならば、ほんとうにわざわざ描き入れるでしょうか。『ドービニーの庭』だけでなく、ニューヨーク近代美術館に収蔵されている『月星夜』や、そのほかの作品にもゴッホは教会を描いているのです。

もしゴッホがキリスト教に躓いて、太陽信仰や自然崇拝を行うようになったのであれば、なぜ忌み嫌う教会をわざわざ自分の作品に描き込むようなことをするのでしょうか。やはりゴッホはキリスト教の信仰を失わずに、すべては神の被造物であり神を賛美する[8]という信仰をずっと棄てずに、生涯を終えたのだと著者は考えます。

ゴッホの頭のなかには、自分を牧師にしてくれなかった教会という組織への反感や、炭鉱で貧しい人と「共に生きる」という実践的伝道のあり方を否定した、オランダ改革派の教団に対して懐疑や不信、そして絶望などの複雑に入り混じった感情があったのは、たしかなことだと思います。しかし自分が生まれ育った教会という、イエス・キリストによる愛が育まれ、またその神の子が存在する場所から、ゴッホは一度も、心のうえでは逃げるようなことはしなかったのです。このように両極端に揺れ動く、振り幅の広いアンヴィヴァレンスな思いを教会に対して抱くことは、信仰者にはよくあることです。少なくとも著者も牧師として、またキリスト教的な理念を実践する学校の教員として、いつも信じる気持ちや希望を抱きながら、宗教のあり方への根源的な疑問や限界を、つねに感じています。組織としての教会には躓いてしまったけれども、オランダ改革派の牧師の息子として生まれ、最後まで信仰をもち続けたゴッホにとって、自身が描いた作品だけが信仰の証であり、その産物であったのではないでしょうか。そのように著者は考えるのです。

（1）吉松『教師の友』連載八回目「キリスト教美術が10倍おもしろくなる」、一四―一五ページ、二〇一六年一月、日本基督教団出版局。

（2）キリスト教文化研究所紀要第二三号（金城学院創立一三〇周年記念号）、一―三一ページ所収、二〇一九年、金城学院大学。

（3）先行研究として正田倫顕『ゴッホと〈聖なるもの〉』三九ページ、新教出版社、二〇一七年刊などがある。『ゴッホと〈聖なるもの〉』によれば、ゴッホは教会を嫌うようになったが、一方では自分が育った教会については郷愁のようなものを抱いていて、ゴッホはその狭間で揺れ動き、作品のなかに教会や聖書などキリスト教的な事物を描いていたとしている。

（4）圀府寺司、二〇〇七、『もっと知りたいゴッホ　生涯と作品』東京：東京美術、四一、五七ページ。完全にゴッホがキリスト教から離れたと断言している訳ではないが、かなりそれをにおわすような表現を取っている。

（5）ボンゲル編、硲伊之助訳、一九八九、ゴッホの手紙中、一八三ページ。

（6）種まきがイエスたとすると、神の子である（はずの）イエスに、いつ終末がやって来るのか知らなかったのではないかという疑問が生じる。人の子イエスは「その日、その時は、だれも知らない。天使たちも、人の子（イエス）も知らない。父だけがご存知である」と聖書「マタイ24：36」「マルコ13：32」などに記されている。これは人となったイエス・キリストが創造の神への絶対的な信頼と畏敬、そしてすべてを司る神の摂理を表しているとされる。

（7）Wichmann, Siegfried, 1981, *Japonism*, New York: Thames & Hudson, 251-255　ゴッホが広重などの浮世絵の影響を受けて作品に構図や時に浮世絵作品そのものを取入れていることを指摘している。Darley, Esther and Renske Suijver, 2019, *Masterpiece in the Van Gogh Museum*, Van Gogh Museum, PP.78-79, 112-113でもゴッホがパリで見た浮世絵の影響を受け、盛んに模写したことを書いている。

（8）アウグスティヌス『告白』山田晶訳、二四一ページ、一九七八年、中央公論社。アウグスティヌスは、「詩編19編」などを引用して、すべての被造物は神を賛美し称えると解釈している。その理解に立って芸術や音楽は、神を褒め称えるものであり、偶像礼拝さえしなければよいと肯定した。この考え方は、七世紀にイサウリア王朝皇帝ユリウス3世と聖画論争を繰り広げた教皇グレゴリウス二世によって正式なものとなり、それ以降のキリスト教美術の発展の後ろ盾となった。ゴッホも、太陽や自然といった被造物は教会を礼賛するために描いたのではなく、それらが神を礼賛するものと考えていたとする方が、ゴッホのキリスト者としての信仰に合致する。参考文献＝W・ウォーカー『キリスト教史1　古代教会』竹内寛監修、菊池栄三、中沢宣夫訳、二九九―三〇二ページ、ヨルダン社、一九八四年。

第12章　描かれた作品の謎解きをしながら作品との対話を楽しむ

12-1　あらためてカンピンの『メロードの祭壇画』を読み解く

終章になりました。みなさんは序章で説明したロベルト・カンピンの描いた三連画、『メロードの祭壇画』［図1］を覚えていますか。あらためて著者は、みなさんといっしょにこの作品の読み解きに挑戦しようと思います。まずは作品をじっくり観てみましょう。みなさんも自身で、この作品の解釈を試みてください。そしてこれからここに書き記す、著者の解釈と照らし合わせてみてください。そうすることで、画家が表現した聖画の意味を正確に理解するという奥行きのある楽しみを、ぜひ体験してほしいと思います。

ではまずはじめに、作品の謎解きや解釈をするうえで、ひとつだけヒントを記します。新約聖書で、いわゆるクリスマス物語を記しているのは、聖書「マタイによる福音書1章18節」から「2章12（23）節」まで。そして「ルカによる福音書1章5節」から「2章40節」の二か所です。そのうち「マタイによる福音書」ではヨセフの心情が記され、ヨセフが夢のなかで天使のお告げを聞いている様子が書かれています。一方、「ルカによる福音書」ではマリアの心情が記され、天使が直接マリアに懐妊のお告げをしていることが書かれています。みなさんは、『メロードの祭壇画』が、どちらの福音書であるかすでに予想がついたことと思います。カンピンは「ルカによる福音書」にある記述を、この『メロードの祭壇画』で表現しているのです。手元に聖書がある人は、ぜひ「ルカによる福音書1：26―38」を開いて、この作品の謎解きを続けてみましょう。

続いて、画面の色彩が意味していることを考えてみましょう。解釈してみます。この作品は「受胎告知」を主題にして描かれています。中央の画面をじっくり観察すると、主役のマリアは「赤」い衣装をまとっています。赤は血の色であり、キリストの十字架、苦難を表す色です。自分の子が目の前で十字架に架けられるマリアの、苦悶や悲哀も表しています。続いて長椅子に置かれているクッションは何色でしょうか。「青」は天を指し、天にいる神を思う信仰の色です。マリアの衣装や羽織物などは、青く描かれることも多々あります。マリアのまわりに描かれているクッションなどの小物や、右側の画面に描かれているヨセフの被り物も同様に青が用いられ、信仰が表されています。ヨセフの話を続ける前に、あらためて中央の画面に描かれた色味についいて考えてみましょう。マリアの左側の天使ガブリエルは、青味がかった白を着ています。白は純粋無垢で純潔の色とされ、聖なるものを意味しています。その聖なる存在である天使が、よく着ている色です。

白と言えばテーブルの上の花瓶に飾られた百合も、白百合として表現されています。白の純潔は、マリアが処女だったことを示唆しています。ちなみに百合はソロモン王が記した『雅歌』に何度か登場しますが、ここでは可憐で美しい女性の象徴として白百合が描かれています。古代イスラエルでは旧約聖書「申命記22章13－21節」などに、結婚において女性は処女であることが必須であるというような条文があります。男女の平等が確立されつつある現代であれば問題になる部分ですが、新約聖書の時代でも女性の処女性が結婚の条件とされていました。また三世紀、四世紀頃の古代教会時代に、「マリアは神の母か否か」という神学論争が起こりました。イエスが神の子でマリアがその母であるならば、画面では「処女で男性を知らない」ということが表現されていて、マリアの処女性が強調されているとも考えられます。このように中世では、白の純粋無垢のイメージが百合と相まって、母マリアの花というイメージが定着して行ったのです。また百合は多年草で春先に咲くことから、春に開催される復活祭と重なり、キリストの復活を意味することにもなりました。そうしたこともあって、アメリカでは復活祭に、多くの百合が教会に飾られているのです。

次に天使ガブリエルの羽根を観てみましょう。黄金に輝いているように見えます。金は錆びない、そして朽ちないという性質から神が永遠の存在であること、神性を表す色とされています。ここでは神の使いである天使に、その金色が使われています。創造の神、神のひとり子イエス・キリストの神性が示唆されています。

イタリア・ルネサンスではフラ・アンジェリコの『受胎告知』〔図22〕で描かれている天使の羽根のように、赤、緑、黄、青などの多色使いでカラフルに描かれることが多く、いまでこそ天使は神の使いとして超自然な存在、神性をもつものと考えられていますが、当時のイタリアの画家たちは天使を自然界の存在として考えていました。そのため天使の羽根は、現実の鳥の羽根を模して描かれていたようです。ぜひフラ・アンジェリコ以外にも、ボッティチェリやダ・ヴィンチが描く天使の羽根と見比べてください。

画面の登場人物のまわりに描かれた、小物類を観てみましょう。まずはマリアが手にして読んでいる書物と、テーブルの上で開いたままの状態で置かれている書物とを見比べてください。言うまでもなく、どちらも聖書です。聖書は信仰の書、つまり母マリアの敬虔さを表しています。『メロードの祭壇画』に描かれた、どちらの聖書からも開いているページや記されている文章までは読み取れません。一般的には、「イザヤ書7章14節」などの「救い主誕生の預言」、つまり「聖誕の預言」について記された頁がよく描かれています。テーブルの上で見開いている状態の聖書は、聖書袋の上に置かれています。その袋の色は緑です。緑は春の若葉の象徴であり、冬枯れ、つまり死から生へ、命へと移行することが意味されています。緑は新しい命、復活の色なのです。

またテーブルの上にはロウソクも置かれていますが、なぜか消えてしまっているようです。煙が立ち上っています。聖画に記されているロウソクは、通常、火が灯されていることが多く、聖書「ヨハネ1章7─9節」にある「まことの光」を意味し、イエス・キリスト自身のことを示しています。しかし画面では消えてしまっています。なぜでしょうか。その答えは、中央画面の左上にあります。なにやら不思議なものが窓から入ってきています。目を凝らしてみるとそれが十字架を背負った、小さなイエス・キリストであることが分かります。「受胎告知」が表現されている絵画では、聖霊の象徴である白い鳩が描かれていることが多く、マリアが聖霊によって妊娠したことが表現されています。しかし『メロードの祭壇画』では、聖霊は小さな「ちびっこイエス」として描かれています。「まことの光」であるイエスが、丸窓からやって来たのだから、つくりもののロウソクの光はもう必要なくなったと、カンピンは画面で主張しているのです。このような神学的解釈を描いた画家は、カンピン以外に著者は知りません。

後方の部分にも注目してみましょう。やかんか、あるいは鍋のような器具がぶら下がっています。そのなかには水が溜められているようです。水は煮炊きに用いますが、洗い清めるものでもあります。聖書「ヨハネ4：14」には、イエスは「しかし、わたしが与える水を飲む者は決して渇かない。わたしが与える水はその人の内で泉となり、永遠の命に至る水がわき出る」と記されています。つまり水とはイエスを信じることであり、永遠の命でもあるわけです。それを踏まえて、水はキリスト教の儀式である洗礼式（イエスを信じキリスト者になる儀式）に使われ、生まれ変わることを意味するものなのです。

水が溜めてある調理器具の右横には、当然のように布が掛けられています。よく注意して見ると、左右に三本の線が青で描かれています。この文様はユダヤ教の祭事の際にまとう、「タリート」というショールを意味していると思われます。また布が掛けられている棒の端には、赤い顔がお面のように刻み込まれています。これはユダヤ教の律法を完成させた、指導者モーセを表していると考えられます。これが意味することとは、いったいなんでしょうか。それは、赤いお面で表現されている律法は旧約聖書の教えであり、旧約聖書そのものです。そして生まれてくるイエス・キリストは新しい教え、つまり新約聖書です。古いものは新しいものに取って代わられるということを意味していると考えられます。

長椅子の四隅には、どうやらライオンの彫物が取り付けられています。ライオンは百獣の王、つまり聖書「ヨハネの黙示録19：16」によると、イエス・キリストは王のなかの王であることが暗示されているのではないかと考えられます。

その小さなライオンの彫物から真上を見てください。暖炉の左右の柱の上部に、異国情緒漂う男女のレリーフが彫られています。この男女は、聖書「創世記1―3章」に出てくる最初の人類、アダムとエバではないかと考えられます。神のパートナーとして創造されたふたりですが、蛇の誘惑に負けて、食べてはいけないとされている禁断の実を食べてしまい、堕罪の罪を犯してしまいます。つまり神を裏切ってしまったことで、楽園から追放されてしまうのです。それだけでなく最初の人類であるアダムとエバに、堕罪の罰として「死」が与えられるのです。人はみないつかは死ななければなりません。しかし、イエス・キリストは復活した。そのことによって、死は必ずしも終わりではない。死を超えた先には希望がある。こうした一連のメッセージが、カンピンが「受胎告知」を主題にして、『メロードの祭壇画』に表現し伝えたかったことなのではないでしょうか。

12-2　カンピンが右側の画面で伝えたいこと

続いて右側の画面を観てみましょう。茶色い衣を着たヨセフが熱心になにかをつくっています。聖書「マタイ13：55」などによると、ヨセフは大工でした。土、埃などに由来する茶色は、取るに足らないもの、価値のないものというところから、「自分は取るに足らないものである」という謙遜や卑下、あるいは無を意味しています。新約聖書では、ヨセフは聖誕の物語と、イエスが一二歳になったときに家族でエルサレムへ行ったという逸話（ルカ2：41―52）以外には登場しません。そのことからヨセフはマリアよりもかなり年上で、早い時期に亡くなってしまったのではないかと伝統的に考えられてきました。そうした背景もあり、右側の画面に描かれているヨセフは、白髪のひげを蓄えた老人のように表現されています。しかしながらヨセフは信仰の人であり、婚約者のマリアが自分の子ではない子を妊娠したと知ったときも、それを公にするとマリアが石打の刑（死刑）なるかもしれないことを考慮して、聖書「マタイ1：19b」には「ひそかに縁を切ろうと決心した」と記されています。その後、夢のなかで天使に「子供は神の聖霊によって宿ったのだから、マリアを迎え入れなさい」と告げられます。ヨセフはその声を信じて、マリアを受け入れたのです。もしマリアの夫がヨセフでなければ、あるいはヨセフが信仰の人でなければマリアは命を落とし、イエスは誕生していなかったかも知れません。謙虚な信仰の人、夫ヨセフ。だから彼は茶を身にまとい、頭には青い被り物をしているのです。袖口の赤は、息子イエスの十字架を暗示しています。

そのヨセフはドリルを使って板に穴を開け、なにかを工作しています。これはいったいなんだと思いますか。答えはネズミ捕りです。これは美術史家たちも指摘していますが[1]、例えばリトアニア生まれのアメリカ人美術史家メイヤー・シャピロも、それがなぜ「ネズミ捕り」だとわかるのかを論じています。シャピロによると、それはアウグスティヌスが三九六―七年頃の説教で語った、「十字架は悪魔を捕まえるネズミ捕りである。餌は主イエスの死であって、それによって悪魔は捉えられるのである」に由来するとされています[2]。以来、「ネズミ捕り」は十字架の死によって悪魔に打ち勝ったイエス・キリストを暗示するようになったのです[3]。「ネズミ捕り」をめぐる解釈はアウグスティヌスが言っているように悪魔と関係があることから、ネズミは「死の使い」を表していると考えらえます。悪魔はアダムとエバをそそのかし、堕罪へと導きました。その結果、人類は死を見るにいたります。つまり悪魔は、死そのものを意味しているのです。この神学的解釈については、美術史家のジャンソンも断定を避けつつも、画家のカンピンが聖書をかなり勉強していたか、教会から指導があったのではないかと考えました[4]。

　以下の解釈は、著者が若い頃、クロイスターズ美術館に行った際にツアー・ガイドから聞いたか、あるいはそう思い込んでいるものです。とても的を射た説明なのですが、これに関するアカデミックな論文がいまのところ見当たりません。そこで著者は状況証拠から、あらためてカンピンがなぜ「ネズミ捕り」を描いたのか、シャピロのアウグスティヌスに由来する解釈に依らず、その理由を考察してみたいと思います。

　中世、特に一四世紀はペストが大流行することによって、ヨーロッパの人口の約四分の一が消失してしまったと言われています。ペストに罹った患者は、高熱と苦痛で皮膚の色が黒く変色して死亡することから、「黒死病」とも呼ばれました。そして死体のかたわらには、いつもネズミが徘徊していました。そこからネズミが死の病を運んでくる、つまり悪魔の手先であり、または悪魔そのものと考えられるようになったのです。そうした悪魔を捕まえるために、ヨセフはせっせとネズミ捕りをつくっている。そしてやがて復活するキリストによって、死は克服される。そんな願いを込めて、カンピンはヨセフがネズミ捕りをつくる場面を描いたのではないかと考えるのです。

このような解釈はアウグスティヌスの影響を受けているとも考えられますし、現実世界の事象からネズミを悪魔の手先と考えたとも推察できます。ここで後者を論ずる正当性をもう少し深堀したいと思います。ペスト、別名「黒死病」と言う病は、一説には一三四六年頃に中東からヨーロッパへ伝播し、一三四八年までには全ヨーロッパで猛威を振るい、当時のヨーロッパの人口の二五％が亡くなったという説もあるほど感染力が強い伝染病で、死の病と恐れられていました。そして死はネズミによって広がったと信じられていました。(5) その後もペストは近世にいたるまで、何度となく猛威を振るいました。その結果として、例えば当時の大工が日常的にネズミ捕りをつくっていたことは容易に想像できます。カンピンがアウグスティヌスの神学を知っていたかどうかは別にしてヨセフの姿を描く際に、大工がネズミ捕りを工作していたところを実際に目にしていた可能性も十分にあるわけです。なぜならカンピンがメロードの祭壇画のなかに描いた料理器具や調度品も、一五世紀のベルギーで実際に使われていたものばかりだからです。

クロイスターズ美術館には、「カンピンの部屋」という展示室があります。そのなかにこの「メロードの祭壇画」が展示されていますが、その「カンピンの部屋」への入り口には、やや小さめの古い木製のドアがあります。閉まっていると、そこが展示室だとわからずに通り過ぎてしまいますので、注意が必要です。そのドアを開けて内部にはいると、そこにはカンピンがマリアを描いた様子が再現されていて、一五世紀当時に使われていたテーブルや椅子、鍋、窓、ガラス、そして燭台などが設置されています。いまでこそ骨董的な価値があるものですが、当時のベルギーではごく当たり前に流通していたものばかりです。またヨセフの後方の窓から見える景色も、一般庶民が行きかうベルギーの街並みを描いたものです。だとすれば、この描かれているネズミ捕りもごく普通に出回っていた日常品であると考えられるのです。

カンピンは、なにげないヨセフの日常を描くにあたり、ヨセフがネズミ捕りを工作している姿を描いた。そのネズミですが、キリスト教美術では「悪の存在」「破壊の象徴」「病気や魔女」「悪魔」「ゴブリンの擬人化」「不吉な前兆」「ネズミを介する伝染病は神の罰」(6)などとされていて、ネズミがいかに嫌われ、悪魔と見られていたかが分かります。ネズミは死をもたらす悪魔だった。そこからカンピンが、ネズミを捕まえることは悪魔を捕まえることであり、それは死に打ち勝つことであるという教会の教義をも見出したとしても不思議ではないと著者は考えるのです。完成したネズミ捕りのひとつが、窓枠の下に描かれています。その先に見える街並みは、上述しましたが一五世紀のベルギーの風景です。それはあたかも、悪魔からネズミ捕りが町を守るようにという願いが込められているのではないでしょうか。

「死は勝利にのみ込まれた。死よ、お前の勝利はどこにあるのか。死よ、お前のとげはどこにあるのか…わたしたちの主イエス・キリストによってわたしたちに勝利を賜る神に、感謝しよう。」［コリントの信徒への手紙一15：54c―57］

12-3 カンピンが左側の画面で伝えたいこと

最後に左側の画面をご覧ください。ここに描かれている人物は、聖書に登場する人物ではありません。ではいったい描かれた人物はだれでしょうか。黒を身にまとっている人物は、教会の修道士か神父、あるいは敬虔な信者といった風体です。左後の女性もいっしょに跪いて、母マリアを拝んでいます。描かれている人物は、『メロードの祭壇画』が納入された教会にゆかりのある人たちではないかと思います。言わばパトロンです。メトロポリタン美術館の画集には「商人でメヘレンのインゲルブレヒト（Ingelbrecht of Mechelen）とその妻と想定される」と書かれています。(7) 教会やこの作品制作のために、多くの献金をした人たちです。中世やルネサンスでは聖書に登場する人物ではなく、その作品が納められた教会にゆかりのある人物や、お金を寄付したパトロンを作品のなかに登場させて描き込むという表現が、一般的に行われていました。後方に立っているのは門番でしょうか。門番が立っている前には、赤い花を咲かせた木が描かれています。これは薔薇ではないかと考えられます。薔薇は花の女王とも呼ばれ、マリアを表しています。神の子の母になるマリアは、「棘の無い薔薇」と呼ばれました。しかしながら、この作品には中世イタリアやイタリア初期ルネサンスに描かれた作品とは、大きく異なる点があります。それはマリアやヨセフに光輪が描かれていないことです。カンピン以降の、北方ルネサンスの画家たちは光輪をほとんど描いていませんが、それはルネサンスの、ひとつの特色であったイエスやマリアの人間性を中心に表現していたからでしょうか。この点についても、著者は今後の研究課題にしたいと考えています。

12-4 鑑賞者は「I」作品は「You」として対話的な関係から読み解いてみよう

最後に、作品鑑賞のコツをみなさんに伝えたいと思います。これは宗教画や聖画を問わず現代アートにおいても、どんな作品にも言えることですが、作品を鑑賞するにあたり、自分を「私（I）」として再認識し、作品を「あなた（Thou/You）」というひとつの人格に見立て、作品と向き合うという鑑賞方法です。目の前の作品をひとりの人格をもつものとして向き合うことで、作品に描かれた色や形、構図や事物、そして筆のタッチや動きなどが、作品を観ている私に、さまざまな言葉として語りかけてきます(8)。神を擬人化して、神と自分が向き合い対話するということは、けっして新しいことではありません。古くは旧約聖書の『ヨブ記』『サムエル記』、そして『イザヤ書』などにも記されている行為です。また新約聖書でも十字架前夜、ゲッセマネの園でイエスが神に「父よ、御心なら、この杯をわたしから取りのけてください。しかし、わたしの願いではなく、御心のままに行ってください。すると、天使が天から現れて、イエスを力づけた。

イエスは苦しみもだえ、いよいよ切に祈られた。汗が血の滴るように地面に落ちた」と祈る姿や、ルーベンスが描いた十字架のうえでイエスが神に語り掛ける場面、またパウロがキリスト教徒迫害者サウロだった頃に光に包まれてイエスと話すという出来事など、じつにさまざまな場面が記されています。

このような対話的な関係性は、日本では禅仏教に見られます。これはあくまでも著者の私見ですが、禅の場合、なにかと相対して瞑想するということは、究極的には仏陀と向き合うということではありますが、それは己を無にするような対話的な行為であると思います。枯山水や大石、滝、あるいはときには壁であったとしても、そうしたものと向き合うとき、往々にして「己」という自分と向き合い、無となるような関係性のことだと思います。「I and Thou/You」の関係では、対峙するのは神、相手、事物という絶対的な他者です。そうしてはじめて自分との対話がはじまるのです。

一例をあげると、二〇世紀初頭の「ニューヨーク・スクール」[9]を代表するユダヤ系アメリカ人画家に、バーネット・ニューマンがいます。ニューマンは神と向き合いながら作品を制作した画家として知られています[10]。そのような神との対話的な対人関係に注視し、自らの神学を体系化したのが、二〇世紀のユダヤ人神学者マルティン・ブーバーです[11]。「I and Thou/You」の関係性のなかで作品を観ると、作品は必ず鑑賞者に語りかけてきます。ときには作品との対話を通じて、崇高なる存在との語らいが与えられるかも知れません。これから美術館へ行ったり、画集を観るときには、足早に通り過ぎたり、急いで頁をめくるのではなく、ひとつの作品にじっくり時間をかけて、鑑賞してみてください。そして聖画を鑑賞するときは、できることなら聖書を片手に携えて、その作品を味わいつくしてください。きっとその都度、新しいなにかが発見できるのではないかと筆者は思います。

（1）ホルスト・ウォルデマー・ジャンソンはヨセフがつくっているものが、ネズミ捕りであることに触れている。Forst Wonder Janson, "History of Art" 2nd Edition, 1977, Harry N. Abrams, Inc. p355. またボニー・ヤングもヨセフとネズミ捕りの関係について述べている（?!）。Bonnie Young. "A Walk Through The Cloisters," 1979, The Metropolitan Museum of Art. 126. 邦文では佐藤直樹『東京藝大で教わる西洋美術の見方』世界文化社（二〇二一年）四八頁に、左記注2のシャピロ論文中にあるネズミ捕りに言及がある。

（2）Meyer Schapiro, "Muscipula Diaboli," The Symbolism of the Mérode Altarpiece. The Art Bulletin, 1945
https://www.jstor.org/stable/3047011?seq=1

（3）デイビット・スコット・マクナブはキリストの十字架が悪魔退治の罠であり、キリストの十字架の死こそが悪魔に打ち勝ち、人類を罪（堕罪）から自由にすると、アウグスティヌスの説教から論じている。

https://core.ac.uk/download/pdf/54198127.pdf

（5） 中世のペストの脅威については、その伝染の媒介となったネズミについて論じられる一方で、イギリスBBC放送はネズミが媒介したというよりも、人から人へと急速に伝染し感染していったと報じている。しかしながら、ネズミが黒死病を運ぶ悪魔（の手先）と長いあいだ信じられていた。

https://www.guidebooktolife.com/rats-in-the-medieval

https://www.theguardian.com/world/2011/aug/17/black-death-rats-off-hook

（6） Apostolos-Cappadona, Diane, 1998, *Dictionary of Christian Art*, New York: The Continuum Publishing Company, 288

Ferguson, George, 1954, *Signs & Symbols in Christian Art*, New York: Oxford University Press, 24

Freiburg, Herder, 1978, *The Herder Symbol Dictionary*, trans by Boris Matthews, Wilmette, Illinois: Chiron Publications, 156

Hall, James, 1974, Dictionary of Subjects & Symbols in Art, New York: Harper & Row, Publishers, 260.

（7） Charles T. Little and Timothy Husband "Europe in the Middle Ages," 1987 The Metropolitan Museum of Art. Pp.136-137

（8） レオ＝ポール・サイヤが二〇〇〇年にコロンビア大学ティーチャーズ・カレッジに提出した博士

論文「A Conversation Between Sculptor and Stone」のなかで、イサム・ノグチが石と向き合うときの姿勢に着想を得て、自分（芸術家や鑑賞者）と作品が、「I and Thou（You）」という明確な関係性を切り結んでから、その美術作品と向き合うべきであると提唱している。

（9）一九四〇年以降、第二次大戦のヨーロッパを逃れてアメリカにやって来てニューヨークで活躍した芸術家やアメリカ生まれの芸術家、ユダヤ人芸術家などの総称。抽象画が主流で抽象表現主義の芸術家の群れと呼ばれた。デ・クーニング、ジャクソン・ポロック、バーネット・ニューマン、マーク・ロスコなどがいる。

（10）ニューマンの代表作に「Onement」がある（シリーズ作品で1から6まで）。上下に伸びる一本の縦線の上には崇高な存在としての神があり、下層には人（自分）がいる。この位置関係はユダヤ人にとって変わることはない。ニューマンは聖書的な言葉使いで作品を名付けることも多く、これは彼が真摯に信仰と向き合い、絵画制作に取り組んだ証である。結果的に作品が抽象画にならざるを得なかったのは、彼がユダヤ人として第二戒と向き合い、自分の信仰表現を追い求めた結果だとも考えられる。

（11）ユダヤ人神学者マルティン・ブーバーは、一九二三年に出版した『我と汝（I and Thou）』で、人間（自己）と神とが向き合う関係性について書き記している。ブーバーの著作は『我と汝』（二〇二一年）講談社学術文庫などから邦訳が出版されている。

あとがき

本書は長年にわたり著者がニューヨーク州、ニュージャージー州の教会や宣教団体などの依頼を受けて行ってきたメトロポリタン美術館ツアーやキリスト教美術についての講演会の内容を基調に体系的にまとめたものです。

キリスト教美術と聞くとたいていの人は、本書でも取り上げたラファエロの《聖母子》やダ・ヴィンチの《最後の晩餐》、ミケランジェロのシスティーナ礼拝堂の天地創造の一場面《人（アダム）の創造》などを思い起こすのではないでしょうか。あるいは《フランダースの犬》に登場するルーベンスの《十字架昇架》を思い起こすかもしれません。ただ、残念なことに個々の作品は比較的知られていても、芸術家たちが作品に込めた思いや信仰、また彼らが代弁するように描いた当時の教会の教義や聖書理解、その秘められた意味などはあまり伝わっていないように思います。

日本で西洋美術を学ぶ気運が高まったのは江戸幕府末期の一八五四年（黒船来襲の一年後）の開国直後で、本格的な西洋美術教育は明治維新後、一八七六年に開校された工部美術学校から始まりました。この辺のことは日本史や日本美術史の範疇になりますが、当時の明治政府は富国強兵を掲げ、多岐に渡り高度な技術・文化を築いていた西欧列強の文明を遮二無二に吸収しようとしました。最先端の学問、技術を学ぶため政府は多くの外国人を教員、技術指導者として招き、その一方で積極的に留学生を欧米に送りました。美術においては当時欧米の芸術文化の中心地だったフランスやイタリアなどが留学先でした。留学生たちは一八七四年にフランス画壇を震撼させた第一回印象派展以降、瞬く間にヨーロッパの画壇を席捲した印象派や後期印象派などの画風を日本に持ち帰り、今日の日本の洋画のジャンルが確立されていきました。

　しかしながら、日本の美術界はそれ以前の長い西洋美術の歴史、特に千年以上にわたり芸術家たちのパトロンとして多大なる影響を与え続けた教会の教義や聖書理解、神学など、美術作品の背景にあるものを学び伝えるということにはあまり力を注いでこなかったように思います。かく言う著者も一九七九年に渡米しニューヨーク州立ファッション工科大学と私立のプラット工科大学（プラット）で油絵と彫刻を学んだのですが、美大生だった頃、メトロポリタン美術館に足繁く通っていたにも関わらず、本館正面一階と二階の中世とルネサンスのキリスト教美術には全く見向きもせず、いつも正面向かって左（南）ウイングの二階にある新古典主義から印象派までを展示している一九世紀美術や、その後に続く二〇世紀美術の展示ばかり鑑賞していました。

　美大在学最終年度に自分の芸術家としての才能に見切りをつけ、また神と人の役に立ちたいと進路変更し、キリスト教教育を志しました。プラットで美術学士を取得しましたが、卒業後は、それまでとは全く系統の違うドリュー大学神学大学院（ドリュー）に進み、聖書と神学を学びました。神学大学院の勉強は眠る間もないほど大変であったので美術から完全に離れていました。ところが、ドリューでの神学生時代に思わぬ出会いがありました。ドリューはニューヨークから車で一時間くらいの距離にあるニュージャージー州のマジソンという町にあるのですが、ニューヨークから近いということもあり、時折日本から知人が旅行でニューヨークやボストンに来ると、美術館や観光地の案内などを頼まれることがありました。

ドリューでの学びの二年目のことでした。日本から来た知人から案内して欲しいと、久しぶりにメトロポリタン美術館を訪問しました。例によって著者は正面を飛ばして右（北）ウイング一階の古代エジプトの展示や二階のアジア美術の展示、或いは左ウイング二階の印象派の展示室に行こうともくろんでいました。しかし、知人が「是非とも正面一階の中世キリスト教美術が見たい」と言うので、仕方なく案内したのです。ところが、以前はつまらなくて見向きもしなかった一連のキリスト教絵画や彫刻がまるで「私を見て！」と自己主張しているかのように目に飛び込んできたのです。そこに描かれている主題、聖書の箇所、色や小物の意味することが、まるで自分に語りかけているかのように迫ってきた――と少なくとも著者には思えたのです。一年半しか経っていませんでしたが、ドリューでの旧約・新約聖書、神学の学びが美術作品鑑賞に繋がった瞬間でした。

この出来事をきっかけに、その後、ドリューではキリスト教教育学の授業などで、美術作品を使ったプレゼンをしたり、その道の著書を漁り始めました。その中で出会ったのが、参考資料に挙げたDoug AdamsとDiane Apostolos-Cappadonaが編集したArt as Religious Studies（1987）でした。その本の中に一九八〇年代後半当時、神学大学院で美術とキリスト教の講座がある学校が紹介されていました。アメリカ東部のイェール大学神学大学院（イェール）と西部カリフォルニアのGeneral Theological Union（いくつかの神学校が集まって講座を提供し、学位を出している総合学校組織の総称）などほんの二、三校しかなく、数が少ないのに驚きました。ドリューを卒業する一九九一年（アメリカ人教会の牧師になる四年前）から既にニューヨーク周辺の日本人を対象に伝道を始めており、「カリフォルニアには行けない」という思いもあり、イェールに願書を出したところ、稀有な研究分野だったことが幸いして入学できました。そこでArt as Religious Studiesの共著者の一人であったジョン・クック博士に師事してキリスト教美術解釈を学びました。クック博士は何年か後に、コロンビア大学ティーチャーズ・カレッジ（教育大学院、以下ティーチャーズ・カレッジ）の博士課程に入る折にも推薦状を書いてくださいましたが、著者にとって大きな出会いでした。

一九九五年に合同メソジスト教会の牧師となりアメリカ人教会に奉職しました。その数年後、三度（みたび）、思うところがあって牧師として働く傍ら、ティーチャーズ・カレッジで美術教育を学び、「日本の美学を通して西洋美術を見る」と「美術とキリスト教」という二つの研究主題を持って美術作品の解釈を学びました。博士号取得後、主に教会関係でキリスト教美術の講演をし、先述のように美術館ツアーをしましたが、何年にもわたりアメリカ人と日本人にキリスト教美術の話をするうちに意外に思ったことがありました。それはキリスト教徒が全人口の過半数を占めているアメリカにあってさえ多くのキリスト者はキリスト教美術の理解に欠けているということでした。キリスト教徒が人口の一パーセントしかいない日本とあまり変わらないと肌で感じたのです。

だからこそ、キリスト教美術解釈の本を出したいと願うようになりました。当初、英語で執筆、出版を考えていましたが、図らずも二〇一八年から名古屋の金城学院大学に奉職し、様々な支援を得て、まずは日本語で出版する運びとなりました。長年の思いが形になったことは至極の喜びです。出版できることをまず神に感謝し、そして財政面と精神面の両面で著者を支えてくださった金城学院大学に感謝したいと思います。金城学院大学特別研究助成費と金城学院大学父母会特別研究助成費抜きにはこの出版は考えられませんでした。

そして、著者があちこちにある美術館巡りにかこつけて一人で飛び回っては大量の画集や本を持ち帰ってきても支え続けてくれる妻と娘、出版のアドバイスをくださった野崎武夫氏、全面的に出版の協力をしてくださったかんよう出版の松山献氏、「美術とキリスト教」という学問の先駆者である故ジョン・クック博士、ティーチャーズ・カレッジ時代の恩師で友人でもあるジョン・バルダッキーノ博士に心から感謝の意を表します。

最後に、まだ二一歳を少し過ぎたばかりの著者を未知のアメリカに送り出してくれた父・吉松繁と母・故吉松けさ子に感謝したいと思います。二人にはいくら感謝してもしきれません。父は世間知らずの著者が道を踏み外さないでアメリカ生活の第一歩を歩み出せるように、ニューヨーク在住の知人に大学が決まるまで面倒を見てくれるように頼んでくれました。亡き母は牧師である父を支え、二人で創めた日本基督教団王子北教会を支えつつ、私の大学の学費を払い続けてくれました。夢ばかり見て経験もないのに、根拠のない自信だけがあった若き日の著者を誰よりも信じて支えてくれたのです。

他にも感謝せねばならない人たちは多々いますが、本書の出版をもって謝辞とさせていただきたいと思います。

キリスト教美術の解釈は新発見があるごとに変わるものであり、本書に記したことも訂正され、論破され、塗り替えられていくでしょう。しかし、今現在、西洋美術や古い教会に興味がある読者や、ヨーロッパやアメリカに旅行を計画されている方には、ぜひとも旅程に美術館巡りや教会巡りを加えてほしいと思います。きっとこの本がお役に立てるのではないかと思います。

二〇二四年九月一一日

著者

著者紹介

吉松　純（よしまつ　じゅん）

1979年に渡米、ニューヨーク州立ファッション工科大学、プラット工科大学、ドリュー大学神学大学院、イェール大学神学大学院、コロンビア大学ティーチャーズ・カレッジ（教育大学院）卒。教育学博士。専門はアメリカ・キリスト教史、美学・美術教育。

1995年に合同メソジスト教会牧師となり、ニュージャージー州で3つのアメリカ人教会に勤める。メトロポリタン美術館ツアー、フィラデルフィア美術館ツアーなどを企画。

2018年より金城学院大学宗教主事、教育宣教師、教授。

著作として、「キリスト教美術が10倍おもしろくなる」『教師の友』（季刊誌）、2014年4月—2016年3月連載、日本基督教団出版局、「アメリカの教会の神学といま」『福音と世界』（月刊誌）、2016年11月—2017年10月連載、新教出版社ほか。

キリスト教美術探訪

2025年2月20日　初版第1刷発行

著　者……吉松　純

発行者……松山　献
発行所……合同会社かんよう出版
〒530-0012 大阪市北区芝田2-8-11 共栄ビル3階
電話 06-6567-9539　Fax 06-7632-3039

装　幀……堀木一男
印刷・製本……亜細亜印刷株式会社

ISBN 978-4-910004-66-2　C0016　Printed in Japan

クレジット一覧

図 1
ロベルト・カンピン『メロードの聖壇画』
Cloisters Collection, 1956

図 2
ミケランジェロ『アダムとエバの堕罪と楽園追放』
Alinari Archives, Florence/ Alinari Archives/distributed by AMF, 2002

図 3
ミケランジェロ『最後の審判』
Alinari Archives, Florence/distributed by AMF, 1981

図 4
ポリクレイトス『ディアドゥメノス（ローマン・コピー）』
Fletcher Fund, 1925

図 5
制作者不明『キタラを弾く女性とその付き添い』ボスコレアーレ遺跡
Rogers Fund, 1903

図 6
制作者不明『ローマ時代の石棺の蓋に掘られた最後の審判』
Rogers Fund, 1924

図 7
アヤ・ソフィア
Shutterstock, Hagia Sofia church in Istanbul, Constantinople, Turkey. Photo by David Ionut; licensed 07/29/2024

クレジット一覧

図 8
制作者不明『十字架のペンダント』
Rogers Fund, 1908

図 9
制作者不明『ネックレスと十字架のペンダント』
Rogers Fund, 1908

図10
制作者不明『全能者ハリストス（Christ Pantocrator）』
Shutterstock, Mosaic of Jesus Christ in the church of Hagia Sofia, photo by Pavle Marjanovic; licensed 07/29/2024

図11
『ムーティエ＝サン＝ジャン修道院の扉口』
The Cloisters Collection, 1932

図12
制作者不明『キリストの神殿への奉納』
The Cloisters Collection, 1925

図13
制作者不明『4つのイコン』 4連祭壇画
Purchase, Mary and Michael Jaharis Gift, 2013

図14
チマブーエ『サンタ・トリニタの聖母』
Raffaello Bencini/Alinari Archives, Florence/distributed by AMF, 1981

図15
ドゥッチョ『聖母子』
Purchase, Rogers Fund, Walter and Leonore Annenberg and The Annenberg Foundation Gift, Lila Acheson Wallace Gift, Annette de la Renta Gift, Harris Brisbane Dick, Fletcher, Louis V. Bell, and Dodge Funds, Joseph Pulitzer Bequest, several members of The Chairman's Council Gifts, Elaine

L. Rosenberg and Stephenson Family Foundation Gifts, 2003 Benefit Fund, and other gifts and funds from various donors, 2004

図16
ジョット『天使と聖者に囲まれた聖母と幼子イエスの戴冠』
Reproduced with the permission of Ministero della Cultura / Alinari Archives, Florence/distributed by AMF, 2003

図17
ジョット『三王礼拝』または『東方の三博士の礼賛』
John Stewart Kennedy Fund, 1911

図18
マゾリーノとマザッチオ共作『聖アンナと聖母子、５人の天使』
Reproduced with the permission of Ministero della Cultura / Alinari Archives, Florence/distributed by AMF, 1980

図19
マザッチオ『聖三位一体』
Raffaello Bencini/Alinari Archives, Florence/distributed by AMF, 1981

図20
マザッチオ『貢の銭』
Raffaello Bencini/Alinari Archives, Florence/distributed by AMF, 1981

図21
フラ・アンジェリコ『キリストの磔刑』
Photo Scala, Florence-Courtesy of the Ministero Beni e Art. Cultural e del Turismo; licensed 07/30/2024.

図22
フラ・アンジェリコ『受胎告知』
Raffaello Bencini/Alinari Archives, Florence/distributed by AMF, 1981

クレジット一覧

図23
ボッティチェリ『受胎告知』
Reproduced with the permission of Ministero della Cultura / Alinari Archives, Florence/distributed by AMF, 2003

図24
ボッティチェリ『受胎告知』
Robert Lehman Collection, 1975

図25
レオナルド・ダ・ヴィンチ『最後の晩餐』
Mauro Ranzani Archive/ Alinari Archives/distributed by AMF, 2002

図26
レオナルド・ダ・ヴィンチ『聖アンナと聖母子』
GrandPalaisRmn（musée du Louvre）/ René-Gabriel Ojeda /distributed by AMF, 2002

図27
ミケランジェロ・ブオナローティ『ピエタ』
Photo Scala, Florence, licensed 07/20/2024

図28
ミケランジェロ『最後の審判』（部分）中央下部の「ラッパを吹く天使たち」
Alinari Archives, Florence/distributed by AMF, 1981

図29
ラファエロ・サンツィオ『玉座の聖母子と５聖人』
Gift of J. Pierpont Morgan, 1916

図30
ラファエロ・サンツィオ『モンドの磔刑図』
Copyright The National Gallery, London / distributed by AMF, 2024

図31
ジョヴァンニ・ベッリーニ『牧場の聖母』
Copyright The National Gallery, London / distributed by AMF, 2024

図32
ティツィアーノ・ヴェチェッリオ『聖母被昇天』
Alinari Archives, Florence/distributed by AMF, 2002

図33
ロベルト・カンピン『受胎告知』
Photographic Archive Museo Nacional del Prado, licensed 03/21/2024

図34
アルブレヒト・デューラー『聖三位一体の礼拝』
Kinsthistorisches Muesum Wien c/o DNP artcom, licensed 07/26/2024

図35
ルーカス・クラナッハ（父）『アダムとエバ』
Photo:© The Courtauld /Bridgeman Images

図36
マティアス・グリューネヴァルト『イーゼンハイム祭壇画』
GrandPalaisRmn (musée Unterlinden) / image GrandPalaisRmn /distributed by AMF, 2002

図37
ジョヴァンニ・アントニオ・ボルトラッフィオ『聖母子と花瓶』
Museo Poldi Pezzoli/Photo Scala, Florence, licensed 07/20/2024

図38
パルミジャニーノ『聖母子』
Raffaello Bencini/Alinari Archives, Florence/distributed by AMF

図39
エル・グレコ『聖衣剥奪』

クレジット一覧

Raffaello Bencini/Alinari Archives, Florence/ Alinari Archives /distributed by AMF, 2002

図40
エル・グレコ『受胎告知』
Ohara Museum of Art, permitted 03/28/2024

図41
ミケランジェロ・メリージ・ダ・カラヴァッジオ『聖マタイの召命』
Raffaello Bencini/Alinari Archives, Florence/distributed by AMF

図42
ピーテル・パウル・ルーベンス『磔刑』
Photograph@2024 Museum of Fine Arts, Boston

図43
ピーテル・パウル・ルーベンス『十字架昇架』
Credit Line: Bridgeman Images/DNP artcom, licensed 07/26/2024

図44
ピーテル・パウル・ルーベンス『十字架降下』
Bridgeman Images/DNP artcom, licensed 07/26/2024

図45
フィンセント・ファン・ゴッホ『ジャガイモを食べる人々』
Rightsandreproductions@vangoghmuseum.nl, licensed 08/22/2024

図46
フィンセント・ファン・ゴッホ『種まく人』
Rightsandreproductions@vangoghmuseum.nl, licensed 08/22/2024

図47
フィンセント・ファン・ゴッホ『ドービニーの庭』
Hiroshima Museum of Art all rights reserved, licensed 08/23/2024

図48
アントワープにある聖母大聖堂前の広場に設置されているネロとパトラッシュの彫刻作品
2023年３月23日　著者撮影

図49
冠り物を身に付けるメノナイトの婦人たち
Shutterstock, “Two Mennonite women shop at a garden center in Intercourse, Pennsylvania” Photo by James Kirkikis, licensed 7/24/2024

参考文献

Adams, Doug and Diane Apostolos-Cappadona ed, 1987, *Art as Religious Studies*. New York: Crossroad Publishing Company.

Apostolos-Cappadona, Diane, 1994, *Dictionary of Christian Art*, New York: The Continuum Publishing Company.

Augustine, 1958, *On Christian Doctrine*, trans by D.W. Robertson, Jr, New York: Macmillan Publishing Company.

アウグスティヌス、1992、『告白』、山田晶訳、東京：中央公論社。

Bamback, Carmen C, 2017, *Michelangelo ~ Divine Draftsman & Designer*, New York: The Metropolitan Museum of Art.

Bogman, Suzanne, head of publications, 2022, Master-pieces in the Van Gogh Museum, trans by Ted Alkins, Amsterdam: Van Gogh Museum.

Bradley, Mark, 2009, *Colour and Meaning in Ancient Rome*, UK: Cambridge University Press.

Buber, Martin, 1970, *I and Thou*. Trans by Kaufmann, Walter. Edinburgh: T. & T. Clark.

Bullinger, E.W, 2014 (1921), *Number in Scripture ~ Its Supernatural Design and Spiritual Significance*, Alacrity: Alacrity Press.

Chipp, Herschel B, 1968, *Theories of Modern Art*. Berkeley and LA: University of California Press.

Cohn-Sherbok, Lavina and Dan, 1995, *A Popular Dictionary of Judaism*. Chicago: NTC/Contemporary Publishing Company.

Corini, Guido, Anna Amria De Strobel, and Maria Serlupi Crescenzi, 1996, *Painting in The Vatican*, trans by Dabell, Frank, Boston: Little Brown and Company.

Cyr, Leo-Paul, 2000, *A Conversation Between Sculptor and Stone*. Doctoral dissertation, approved by the Committee on the Degree of Doctor of Education. New York: Teachers College, Columbia University.

Danto, Arthur., 2012, *Danto and His Critics*, Second Edition. Edited by Mark Rollins. New York: John Wiley & Sons, Ltd.

Davis, John J, 1968, *Biblical Numerology*, Grand Rapids, MI: Baker Academic.

De Rynck ed, 2022, *KMSKA—Royal Museum of Fine Arts Antwerp*, trans by Ted Alkins, 2022, Amsterdam: Hannibal Books and KMSKA.
土井健司監修、2018、『1冊でわかるキリスト教史　古代から現代まで』、東京：日本キリスト教団出版局。
Eire, Carlos M.N, 1986, *War Against the Idols*, Cambridge: The University of Cambridge.
Elster, Charles Harrington, 2000, *Verbal Advantage*, New York: Random House.
Evans, Helen C, and William D. Willson ed., 1997, *The Glory of Byzantium*, New York: The Metropolitan Museum of Art distributed by Harry N. Abrams.
Farmer, David Hugh, 1992, *The Oxford Dictionary of Saints*, Oxford: Oxford University Press.
Ferguson, George, 1954, *Signs & Symbols in Christian Art*, New York: Oxford Press.
Friedlaender, Walter, 1955, *Caravaggio Studies*. Princeton: Princeton University Press.
Frost, Kate Gartner, 1990, *Holy Delight ~ Typology, Numerology, and Autobiography in Donne's Devotions Upon Emergent Occasions*, Princeton, NJ: Princeton University Press.
Gage, John, 1993, *Color and Culture*, Boston: Bulfinch Press Book Little.
Gannaway, R. J, 2007, *Cracking The Bible's Numeric Code*, Lincoln, NE: iUniverse, Inc.
Grebe, Anja, 2013, *The Vatican ~ All the Paintings*, New York: Black Dog & Leventhal Publishers, Inc.
Hall, James, 1974, *Dictionary of Subjects & Symbols in Art*, New York: Harper & Row
Hamilton, George Heard, 1987, *Painting and Sculpture in Europe 1880-1940*, New York: Penguin Group.
橋口収、1994、『ひろしま美術館』、広島：ひろしま美術館。
硲伊之助訳、1955、『ゴッホの手紙上』上、東京：岩波書店。
硲伊之助訳、1961、『ゴッホの手紙上』中、東京：岩波書店。
硲伊之助訳、1970、『ゴッホの手紙上』下、東京：岩波書店。
Herder, Freiburg, 1978, Farrell, Deborah and Carole Presser ed, trans by Boris Matthews, 1986, *The Herder Symbol Dictionary*, Wilmette, IL:

Chiron Publications.
石鍋真澄監修、2008、『ルネサンス美術館』、東京：小学館。
Janson, Horst Woldemar, 1977, *History of Western Art, 2nd ed.*, New York: Harry N. Abrams.
ジャンソン、H・W、アンソニー・F、ジャンソン、2012、『西洋美術の歴史―History of Art for young people, 4th ed., 木村重信、藤田治彦訳、大阪：創元社。
Janson, Horst Woldemar, 2016, *History of Western Art, 8th ed. Vol 1*, New York: Pearson Education Inc.
Janson, Horst Woldemar, 2016, *History of Western Art, 8th ed. Vol 2*, New York: Pearson Education Inc.
Johnston, Robert D, 1990, *Numbers in The Bible ~ God's Design in Biblical Numerology*, Grand Rapids, MI: Kregel Publications.
加藤武、1988、『アウグスティヌス著作集　第六巻』、東京：教文館。
小林秀雄、2004、『小林秀雄全集20　ゴッホの手紙』、東京：新潮社。
圀府寺司、2007、『もっと知りたいゴッホ　生涯と作品』、東京：東京美術。
圀府寺司、樋上千寿、和田恵庭、2011、『ああ、誰がシャガールを理解したでしょうか？』、大阪：大阪大学出版会。
越川倫明、松浦弘明、甲斐教行、深田麻里亜、2013、『システィーナ礼拝堂を読む』、東京：河出書房新社。
ラングミュア、エリカ、1996、『ナショナル・ギャラリー・ガイド』、高橋裕子訳・監修、京都：同朋舎出版。
ラウデン、ジョン、2007、『初期キリスト教美術・ビザンティン美術』、益田朋幸訳、東京：岩波書店。
Leinenweber, John, 1989, *Love One Another, My Friends ~ St. Augustine's Homilies on the First letter of John*, New York: Harper & Row, Publishers.
Leinenweber, John, 1992, *Letters of Saint Augustine*, New York: Triumph Books.
Lucie-Smith, Edward, 1984, *The Thames and Hudson Dictionary of Art Terms*, London: Thames and Hudson.
松本宣郎、2022、『初期キリスト教の世界』、東京：新教出版社。
宮下規久朗、2010、『不朽の名画を読み解く』、東京：ナツメ社。
宮下規久朗、2010、『カラヴァッジョ巡礼』、東京：新潮社。
宮下規久朗、2013、『モチーフで読む美術史』、東京：筑摩書房。

宮下規久朗、2015、『モチーフで読む美術史２』、東京：筑摩書房。
宮下規久朗、2015、『世界の一流が必ず身につけている西洋美術の見方』、東京：宝島社。
Moltmann-Wendel, Elisabeth and Jurgen Moltmann, 1983, *Humanity in God*, New York: The Pilgrim Press.
Moltmann-Wendel, Elisabeth, 1990, *The Women around Jesus*, New York: The Crossroad Publishing Company.
Meyer Schapiro, 1945 *"Muscipula Diaboli," The Symbolism of the Mérode Altarpiece*, The Art Bulletin, https://www.jstor.org/stable/3047011?seq=1
根津由喜夫、2011、『図解　ビザンツ帝国　刻印された千年の記憶』、東京：河出書房新社。
西岡文彦、2019、『図解　名画の歴史』、東京：河出書房新社。
落合健仁、小室尚子、2024（2014)、「聖書入門―主を畏れることは知恵の初め」、東京：日本キリスト教出版局。
O'Neill, John P., editor in chief, 1987, *The Metropolitan Museum of Art—Greece and Rome*, New York: The Metropolitan Museum of Art.
O'Neill, John P., editor in chief, 1987, *The Metropolitan Museum of Art—Europe in the Middle Ages*, New York: The Metropolitan Museum of Art.
O'Neill, John P., editor in chief, 1987, *The Metropolitan Museum of Art—The Renaissance in Itary and Spain*, New York: The Metropolitan Museum of Art.
Read, Hebert ed, 1966, *The Thames and Hudson Dictionary of Art and Artist, revised ed*, by Nikos Stangos, London: Thames and Hudson Ltd.
Rest, Friedrich, 1982, *Our Christian Symbols*, New York: The Pilgrim Press. Publishing Company.
Runes, Dagobert D, 1966, *Concise Dictionary of Judaism*. New York: Philosophical Library.
Russel Letty M & Shannon Clarkson ed, 1996, *Dictionary of Feminist Theologies*, Louisville, KY: Westminster John Knox Press.
Ryken, Leland, James C. Wilhoit, and Tremper Longman III ed, 1998, *Dictionary of Biblical Imagery*, Downers Grove, IL: Inter Varsity Press.

関川康寛、2011、『ここが知りたいキリスト教―現代人のための道案内』、東京：教文館。
Shiff, Richard, Mancusi-Ungaro, Carol C. and Colsman-Freyberger, Heidi, 2004, *Barnett Newman: A Catalogue Raisonné*, New Haven: Yale University Press.
正田倫顕、2017、『ゴッホと〈聖なるもの〉』、東京：新教出版。
Spaans, Erik, 2022, *RIJKS museum guide*, Amsterdam: KMSKA.
Still, Gertrude. G, 1975, *A handbook of Symbols in Christian Art*, New York. Macmillan.
Thavapalan, Shiyanthi, 2020, *The Meaning of Color in Ancient Mesopotamia*, Leiden: Brill.
高橋保行、1981、『イコンのこころ』、東京：春秋社。
高橋保行、1990、『イコンのあゆみ』、東京：春秋社。
高橋保行、1991、『東方の光と影』、東京：春秋社。
高階秀爾監修、2006、『西洋美術史』、東京：美術出版社。
瀧口美香、2022、『キリスト教美術史～東方正教会とカトリックの二大潮流』、東京：中央公論新社。
Temkin, Ann ed, 2002, *Barnett Newman*. Philadelphia: Philadelphia Museum of Art.
利倉隆、1999、『悪魔の美術と物語』、東京：美術出版社。
若桑みどり、2012、『絵画を読む　イコノロジー入門』、東京：NHK 出版。
Walker, Williston, 1985(1918), *A History of the Christian Church 4th ed*, New York: Charles Scribner's Sons.
ウォーカー、ウィリストン、1984、『キリスト教史　1 古代教会』、菊池栄三、中澤宣夫訳、東京：ヨルダン社。
ウォーカー、ウィリストン、1987、『キリスト教史　2 中世の教会』、速水敏彦、柳原光、中澤宣夫訳、東京：ヨルダン社。
ウォーカー、ウィリストン、1983、『キリスト教史　3 宗教改革』、塚田理、八代崇訳、東京：ヨルダン社。
Werblowsky, R. J. Zwi and Wigoder, Geoffrey ed, 1997, *The Oxford Dictionary of the Jewish Religion*. Oxford: Oxford University Press.
Wheelock, Arthur K Jr, Christiaan Vogelarr and Caroline Van Cauwenberge, 2023, *Rembrandt and His Contemporaries—History of Paintings from the Leiden Collection*, Amsterdam: Hermitage and New York: The Leiden Collection.

Wichmann, Siegfried, 1981, *Japonisme ~ The Japanese Influence on Western Art since 1858*, trans by Mary Whittall, James Ramsay, Helen Watanabe, Cornelius Cardew, and Susan Bruni, London: Thames & Hudson Ltd.

吉松　純、2014. 04 – 2016. 03、「キリスト教美術を10倍楽しむ」『「教師の友」』、東京：日本キリスト教団出版。

吉松　純、2019. 03、「キリスト教、ユダヤ教と近代絵画～ゴッホ、シャガール、バーネット・ニューマン」『金城学院大学キリスト教文化研究所紀要』、名古屋：金城学院大学、1–31。

Young, Bonnie, 1988, *A Walk Through The Cloisters*, New York: The Metropolitan Museum of Art.

『DVD 美術館②ゴッホ、NHK 巨匠たちの肖像』、2010、東京：小学館。

Websites:

Scott-Macnab, David, *AUGUSTINE'S TROPE OF THE CRUCIFIXION AS A TRAP FOR THE DEVIL AND ITS SURVIVAL IN THE ENGLISH MIDDLE AGES*, PDF（core.ac.uk）54198127（Retrieved April 27, 2024, https://core.ac.uk/download/pdf/54198127.pdf）.

Guide Book to Life, 06/02/2023, *Historical Influence of Rats in the Medieval Period – Effect in Art, Law & Demography*,（Retrieved April 27, 2024, https://www.guidebooktolife.com/rats-in-the-medieval）.

The Guardian, 08/17/2011, *Black Death study lets rats off the hook ~ Plague of 1348-49 spread so fast in London the carriers had to be humans not black rats, says archaeologist*,（Retrieved April 27, 2024, https://www.theguardian.com/world/2011/aug/17/black-death-rats-off-hook）.